PONSON DU TERRAIL

LA BOHÉMIENNE DU GRAND MONDE

L'HÉRITAGE
DE
CORINNE

LA MULE DE SATIN

PARIS
LIBRAIRIE INTERNATIONALE
15 BOULEVARD MONTMARTRE

A. LACROIX, VERBOECKHOVEN & C⁰, ÉDITEURS
A Bruxelles, à Leipzig et à Livourne

1867

Tous droits de traduction et de reproduction réservés

LA BOHÉMIENNE DU GRAND MONDE

—

L'HÉRITAGE

DE

CORINNE

OUVRAGES DU MÊME AUTEUR

La Bohémienne du grand monde. 1 vol. grand in-18 jésus .... 3 fr.
Le Drame de Planche-Mibray. 1 vol. grand in-18 jésus .... 3 fr.
L'Héritage de Corinne. 1 vol. grand in-18 jesus..... 3 fr.

Paris — Imprimerie L. Poupart-Davyl, 30, rue du Bac.

PONSON DU TERRAIL

LA BOHÉMIENNE DU GRAND MONDE

L'HÉRITAGE
DE
CORINNE

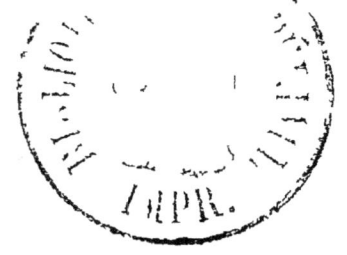

LA MULE DE SATIN

PARIS
LIBRAIRIE INTERNATIONALE
15, BOULEVARD MONTMARTRE

LACROIX, VERBOECKHOVEN & C⁰, ÉDITEURS
A Bruxelles, à Leipzig et à Livourne

1867

L'HÉRITAGE
DE CORINNE

I

Il est un personnage de cette histoire que nous avons un peu perdue de vue.

C'est une jolie actrice des théâtres de genre, appelée Pauline Régis, qui avait tant aimé le malheureux Manuel de Maugeville.

Pauline ne savait absolument rien de tout ce qui s'était passé depuis un mois.

Paris est la grande ville où viennent se confondre et mourir tous les bruits.

A peine si quelquefois un journal répète, en manière de faits-divers, un crime, un enlèvement commis en province, en empruntant ce récit à une feuille départementale.

Puis, le lendemain, il n'en est plus question.

Pauline vivait dans la retraite la plus absolue depuis un mois.

Elle ne lisait pas de journaux ; elle ne jouait pas, ne répétait pas, et par conséquent n'allait pas au théâtre.

Son appartement était clos aux visiteurs, et la consigne était rigoureusement observée.

La jeune femme s'était dit :

— J'ai le cœur malade, et mon mal n'a d'autre remède que le temps. Je ne veux parler à personne et je ne veux pas qu'on m'en parle. Si je me guéris jamais, je reparaîtrai dans ce monde qui oublie si vite, et qui m'a déjà presque oubliée.

On se souvient que Corinne, quelques jours avant son départ pour Rochepinte, était parvenue à forcer la consigne et à pénétrer chez Pauline.

On se souvient encore que, tandis que les deux amies déjeunaient, une fenêtre s'était ouverte au troisième étage de la maison voisine, de l'autre côté de la rue, et que tout à coup Corinne, ébahie, avait aperçu M. de Villenave hébété, stupide à cette fenêtre.

On sait ce qui était advenu, mais Pauline ne le savait pas.

Depuis ce jour-là, elle n'avait pas revu Corinne, et Corinne ne lui avait point écrit.

Tout en ayant rompu avec la plupart de ses

relations et ne se montrant plus ni au bois, ni aux courses, ni aux premières, Pauline ne s'était pourtant pas condamnée à une réclusion perpétuelle.

Quelquefois, le soir, un voile-masque sur le visage, elle montait dans une voiture de place et allait respirer le grand air.

Quelquefois aussi elle sortait de très-bonne heure, s'en allait à pied jusqu'au manége de la rue Duphot, qui est à deux pas de la rue Caumartin, demandait un cheval et poussait jusqu'au rond-point du Cèdre ou à la grille de Boulogne.

C'étaient là ses seules distractions.

Le reste du temps, elle demeurait chez elle et travaillait.

Or, un matin, comme elle traversait au galop la grande avenue de Longchamp pour gagner une de ces petites allées si nombreuses et si fraîches qu'on réserve aux cavaliers, et qui sont si peu fréquentées cependant, elle entendit prononcer son nom.

— Pauline! disait une voix de femme.

Pauline s'arrêta et aperçut dans une allée perpendiculaire à celle qu'elle suivait une amazone qui arrivait sur elle.

Elle s'arrêta et reconnut ce que, en style de coulisse, on appelle une *camarade*.

C'était une ancienne ingénue des Variétés, qui n'avait pas de talent, et qui, après avoir longtemps cherché sa mesure, comme on dit, s'était aperçue qu'au lieu de *figurer* sur une scène de genre, elle ferait une fort belle écuyère du Cirque.

Florina, c'était son nom, était restée à l'Hippodrome, où elle conduisait des chars, traversait des cerceaux en papier, représentait les dames du Camp du drap d'or, et sautait d'un cheval sur l'autre.

Le matin, elle se promenait pour son plaisir. Florina était *lancée;* elle avait, en dehors de son métier, chevaux et voitures, un riche appartement, et pour ami une manière de gros banquier hollandais qui se ruinait pour elle, sous le prétexte qu'il aimait les belles femmes, et que Florina était une majestueuse créature.

Cette grosse femme qu'au théâtre on appelait jadis une *grue* et qui s'était fait siffler chaque fois qu'elle avait voulu aborder un rôle de cinquante lignes, — cette femme, disons-nous, était cependant pleine d'esprit.

Son humeur légèrement égrillarde, sa gaieté inaltérable lui valaient ses grandes et ses petites entrées dans ce qu'on appelle le monde des viveurs.

Florina allait partout, était au courant de tout, avait tout vu, tout entendu.

Pauline n'était pas liée avec elle ; mais, lorsqu'elles se rencontraient, elles se disaient volontiers bonjour.

— Pauline ! répéta Florina.

Elle poussa son cheval et vint le ranger côte à côte de celui de Pauline.

Celle-ci lui tendit la main.

— Comment vas-tu ? dit l'écuyère qui tutoyait tout le monde.

— Assez bien, et vous ?

— Moi, tu le vois, j'engraisse toujours.

Et Florina se mit à rire.

— Mais, reprit-elle, que deviens-tu donc, ma petite ? On ne te voit plus.

— J'arrive de voyage.

— Es-tu par hasard allée enterrer cette pauvre Corinne ?

Florina faisait cette question de son air jovial et bon enfant.

On eût dit qu'elle demandait des nouvelles d'un terrier-bull ou d'un perroquet.

Mais Pauline, stupéfaite, s'écria :

— Corinne ? quelle Corinne ?

— Eh bien ! la tienne, la mienne, la nôtre donc, Corinne Destremont !

— Corinne... balbutia encore Pauline Régis. Eh bien?

— Eh bien! elle est morte.

— Morte!

Et Pauline éprouva une telle émotion qu'elle vacilla sur sa selle.

— Comment! tu n'en savais rien?

Cette fois, Florina cessa de rire, car elle vit Pauline si pâle, qu'il lui sembla qu'elle allait se trouver mal.

En effet, Pauline avait comme un étourdissement; elle se laissa glisser de sa selle et s'assit, anéantie, sur le gazon de la contre-allée.

Florina était bonne fille :

— Mon Dieu! dit-elle, et moi qui ne pensais plus que vous étiez amies, et qui parle de ça comme du Grand Turc!

Elle appela son groom, qui la suivait à distance sur un robuste poney d'Irlande, lui donna sa jument à tenir et, relevant la jupe de son amazone, sauta lestement à terre.

Pauline avait éprouvé une telle émotion qu'elle était là muette, les yeux fixes, tout le corps agité d'un tremblement nerveux.

— Heureusement, reprit Florina, que nous sommes à deux pas d'Armenonville, et elle dit à son groom :

— Emmène les chevaux au pavillon et ramène-nous une voiture.

Dix minutes après, Pauline et l'écuyère étaient enfermées dans un des petits salons du pavillon, et Pauline commençait à se remettre de la violente émotion qu'elle venait d'éprouver.

— Comment! disait alors Florina, tu n'en savais rien?

— Non. Mais quand est-elle morte?

— Il y a huit jours. Cela nous a fait une jolie émotion quand le petit baron Hounot est venu nous raconter ça sans crier gare.

Figure-toi que nous soupions chez Brébant. Tu sais : maintenant, on ne soupe plus que là, quand on se respecte un peu. Mon imbécile de Hollandais était gris et disait des bêtises. Le petit baron arrive et nous dit : « Qui va à l'enterrement de Corinne ? »

— Quelle Corinne?

— Corinne Destremont.

Les femmes se mettent à crier, les hommes se regardent.

— Elle est donc morte? dit mon Hollandais

— Mais, brute que tu es, lui dis-je, on n'enterre que les gens qui sont morts.

Alors le petit baron nous tira un journal de sa poche, et nous dit :

— Lisez! ceux qui veulent aller à l'enterrement peuvent prendre le train d'Auxerre. Le marquis de B... l'a fait embaumer. On a sursis aux funérailles. Toujours excentrique, le marquis! Il conduira le deuil, comme si c'était celui de sa femme. Si jamais il se marie en province, celui-là, ça sera drôle!...

Pauline Régis écoutait Florina d'un air hébété.

— Mais enfin, dit-elle, où est-elle morte?

— En Bourgogne.

— De quoi?

— Elle s'est tuée, donc!

— Corinne s'est tuée!...

Et Pauline se demandait si elle n'était pas le jouet de quelque rêve épouvantable.

— Suis-je bête? reprit Florina; je te dis bien que Corinne est morte, qu'elle s'est tuée... mais je ne te dis pas comment.

Et Florina alla secouer un gland de sonnette pour appeler le garçon, ajoutant :

— C'est tout au long dans la *Gazette des Tribunaux*. Ma foi! j'ai déjà raconté cette histoire tant de fois que j'aime autant que tu la lises, ma petite.

Le garçon entra.

— Est-ce que vous avez la *Gazette des Tribunaux* de mardi dernier? demanda Florina... Oui, c'est bien mardi soir que nous soupions chez Brébant.

— Nous devons l'avoir, dit le garçon ; on en fait collection.

Et il sortit.

En effet, quelques minutes après, il revint, apportant la *Gazette*, que Florina mit complaisamment sous les yeux de Pauline.

Pauline, que son tremblement nerveux avait reprise, eut cependant le courage de lire, sous la rubrique : DÉPARTEMENTS : *Accidents. — Sinistres :*

« Nous empruntons au journal *l'Yonne* les lignes suivantes :

« Décidément notre arrondissement, ordinairement si paisible, est voué cette année aux grandes catastrophes.

« Un malheur épouvantable, un nouveau malheur, est venu jeter la consternation dans le canton de Coulanges-sur-Yonne.

« Tout le monde connaît le marquis de B..., ce jeune et excentrique gentilhomme qui a fait tant de folies l'an dernier à notre fête des lanternes.

« Le marquis est riche, spirituel, de vieille maison, complétement indépendant, et, à ces titres divers, il saute un peu à pieds joints sur les austères habitudes de la vie de province.

« Le marquis s'ennuyait dans son château de Rochepinte ; il a voulu peupler sa solitude.

« Un matin, les paysans, les fermiers, les nombreux tenanciers de l'opulent marquis ont trouvé installée au château une fort belle personne que les domestiques appelaient *madame* et le marquis *Bichette*.

« Cette beauté de premier ordre appartenait, paraît-il, à ce qu'à Paris on appelle le *demi-monde*.

« La province a crié au scandale.

« Le marquis a trouvé plaisant de donner une fête et d'y convier la noblesse bourguignonne.

« Tous les jeunes gens y sont allés.

« La dame a fait les honneurs du château avec un tact exquis.

« On prétend qu'elle était fabuleusement riche, et qu'elle portait ce jour-là une rivière de diamants évaluée deux cent mille francs.

« Mais le marquis de B... se lasse facilement.

« La fête passée, ses convives partis, il a donné congé à Bichette.

« Bichette est donc partie un soir, dans ce fameux *mail-coach* dont on a tant parlé à Auxerre, et qui brûle la poussière des grandes routes attelé de quatre trotteurs irlandais.

« A minuit, le cocher et le valet de chambre qui accompagnait mademoiselle Corinne Destremont, c'est le nom de la dame, se sont arrêtés un moment dans un cabaret de Coulanges, chez le père Coquille.

« Celui-ci a remarqué que le cocher était déjà un peu gris.

« Le *mail* est reparti un quart d'heure après.

« Qu'est-il arrivé depuis ?

« Voilà ce qui sera peut-être un éternel mystère.

« La route de Coulanges à Auxerre, par Courson, traverse un pays désert.

« A droite la forêt, à gauche un ravin profond de près de cent mètres, au bord duquel la route court sur une pente inclinée.

« Au bout de la pente un tournant fort raide contre lequel on a réclamé souvent, et que les ponts et chaussées ont négligé jusqu'à présent d'adoucir.

« Par suite de quel événement les chevaux se sont-ils emportés en cet endroit ?

« C'est ce qu'on ignore.

« Mais la voiture, lancée à toute vitesse sur cette pente, est arrivée au tournant et a sauté la rampe.

« Voyageuse, cocher, valet de chambre et chevaux ont roulé dans le ravin, où ils se sont tués.

« On a retrouvé, le lendemain, la voiture en mille pièces, les bagages épars alentour, le cocher et le valet de chambre morts sur le coup. La malheureuse Corinne, qui avait survécu quelques heures sans doute, à en juger par une traînée de sang qu'elle avait laissée après elle, était horriblement défigurée.

« Enfin, sur la route on a trouvé une véritable mare de sang qui laisserait supposer que cette catastrophe n'est pas seulement le résultat d'un accident.

« La justice informe, et nous devons nous abstenir de tout commentaire.

« Il paraît, du reste, que les diamants de madame Destremont ont disparu.

« Le marquis, toujours excentrique, a fait rapporter chez lui les restes de la malheureuse voyageuse.

« Les docteurs P... et M..., d'Auxerre, mandés en toute hâte, ont été chargés de l'embaumement.

« Enfin, tous les domestiques du château ont pris le deuil, et le marquis, tout de noir vêtu, se propose de faire à sa maîtresse de splendides funérailles... »

Pauline avait lu ces détails avec une émotion croissante ; mais tout à coup elle jeta un cri d'angoisse, un cri de douleur suprême, laissa échapper le journal et glissa évanouie dans les bras de Florina consternée.

Après avoir raconté la catastrophe du ravin de l'Homme mort, la *Gazette des Tribunaux* ajoutait, toujours d'après le journal *l'Yonne :* « Voici le troisième drame qui vient jeter la stupeur dans l'arrondissement de Coulanges, depuis un mois. M. de Maugeville assassiné, le bohémien Munito tué par M. de Villenave, enfin la maîtresse du marquis de B... finissant d'une manière aussi tragique : tel est le bilan du mois, dans ce pays ordinairement tranquille et ne s'occupant que d'engranger ses récoltes et de cuver son vin. »

C'étaient ces mots : « M. de Maugeville assassiné » qui, se détachant tout à coup en caractères de feu, avaient brûlé les yeux de Pauline Régis.

Et Pauline s'était évanouie.

Florina éperdue appela au secours. Tous les gens du pavillon accoururent.

Pendant quelques heures, Pauline fut comme morte et les soins d'un médecin qu'on alla chercher en toute hâte à Neuilly parvinrent seuls à la ranimer.

Mais elle avait une fièvre ardente, mêlée de délire, et elle ne reconnut point Florina.

Celle-ci la fit transporter dans une voiture et la reconduisit chez elle, où elle la fit mettre au lit.

Puis elle s'installa à son chevet, disant naïvement :

— Je n'aurais jamais cru que Pauline aimât profondément Corinne Destremont.

. . . .

Pauline passa quarante-huit heures en proie à une fièvre brûlante.

Au bout de ce temps elle revint complétement à elle.

Florina était toujours là.

— Ma bonne petite, dit l'écuyère, je crois maintenant que tu es hors de danger et que je puis m'en aller. Mais, franchement, tu t'es fait trop de chagrin de la mort de cette pauvre Corinne, que tu ne connaissais pas comme moi, sois-en bien sûre.

Ce n'est pas elle qui se serait mise dans un pareil état, si tu étais morte !

Pauline ne répondit pas.

Mais ses yeux, rouges et secs jusque-là, s'emplirent tout à coup de larmes, et un nom monta de son âme brisée à ses lèvres :

— Manuel !

II

Les natures frêles et délicates sont souvent les plus énergiques.

Pauline eut la fièvre et le délire deux jours; au bout de ce temps, sa raison lui revint complétement.

Le désespoir était dans son cœur; mais les douleurs sans consolation retrempent l'âme quelquefois.

Pauline se dit :

— Manuel est mort. Comment et pourquoi il est mort, je le sais, moi.

Elle se souvenait de tout ce que Corinne lui avait dit touchant M. de Villenave.

Elle se souvenait encore mieux du rôle odieux que ce dernier et Corinne avaient voulu lui faire jouer.

Enfin, ce qu'elle ne pouvait oublier, c'était la joie manifestée par Corinne, le jour où elle avait aperçu M. de Villenave à la fenêtre de la bohémienne Dolorès.

La rue Caumartin, nous l'avons dit, surtout dans son extrémité nord, est un peu une rue de province.

Les domestiques causent entre eux.

Or, la femme de chambre de Pauline Régis, discrète pour ses propres affaires et les affaires de sa maîtresse, était curieuse de ce qui concernait les autres.

Elle avait assisté à la scène de reconnaissance.

Puis elle avait vu Corinne partir comme une folle en disant :

— Il me faut Villenave.

A partir de ce moment, la soubrette, qui se nommait Jenny et était une fine mouche, s'était mise en campagne à la seule fin de savoir pourquoi M. de Villenave, qu'on avait cherché partout, se trouvait dans la maison d'en face.

Ce que les *maîtres* n'obtiennent pas toujours à prix d'argent, les domestiques l'ont pour rien.

Le portier de la maison habitée par Dolorès, sollicité par un valet de chambre amoureux de Jenny, avoua tout.

Ce fut ainsi que Jenny apprit l'enlèvement de M. de Villenave devenu idiot, par Corinne qui le fit transporter chez elle et l'y garda huit grands jours.

Pauline avait témoigné à cette époque quelque inquiétude, car elle redoutait plus encore M. de

Villenave pour son cher Manuel, que Corinne et toutes ses combinaisons savantes.

Mais Jenny l'avait rassurée en lui disant :

— M. de Villenave est chez Corinne et s'il recouvre la raison, ce ne sera pas de sitôt.

Pauline s'était donc un peu endormie jusqu'au jour où elle avait appris, de la bouche de Florina l'écuyère, la mort sinistre de Corinne et, par le journal, la fin tragique de M. de Maugeville.

Pauline revenait donc à sa raison, le cœur brisé, mais l'âme forte.

Et songeant à Maugeville, elle se dit :

— Je le vengerai !

Il était évident pour elle que M. de Villenave avait été le complice de Munito avant d'être son meurtrier.

Il était évident encore que M. de Villenave ne pouvait être étranger à la mort de Corinne.

Et ce misérable allait triompher !

Il épouserait certainement madame de Planche-Mibray.

— Oh ! cela ne sera pas, se dit Pauline ; cela ne peut pas être.

Comme il lui était impossible de supposer que Munito eût tué M. de Maugeville pour toute autre chose que de l'argent, il était clair à ses yeux que cet argent avait été promis par Corinne et M. de Villenave.

Ce dernier s'était donc débarrassé de ses deux complices, et il allait maintenant recueillir le fruit de tous ses crimes.

— Non, se disait Pauline, je ne suis qu'une pauvre pécheresse, et madame de Planche-Mibray est une femme du monde ; mais je lui parlerai avec tant de franchise et de conviction, qu'elle me croira.

Son parti fut bientôt pris.

— Jenny, dit-elle, tu vas faire à la hâte quelques préparatifs ; nous partons demain matin.

— Mais, madame, dit la soubrette, vous êtes bien faible encore...

— Qu'importe !

— Si vous alliez retomber malade...

— Oh ! non ! j'aurai la force d'arriver... tu verras !...

Et Pauline, essuyant ses larmes, dit encore :

— Tu sais si j'aimais M. de Maugeville !

— Oh ! oui, je le sais ! dit la soubrette émue.

— Eh bien ! il est mort, et il faut que je le venge, dit Pauline.

Jenny ne répliqua pas et se disposa à obéir.

Pauline sortit ce jour-là ; elle qu'on ne voyait plus nulle part se montra un peu partout.

Elle fit le tour du lac, sûre d'y rencontrer dix personnes peut-être qui lui parleraient de M. de Maugeville.

En effet, tandis que sa victoria passait au pas à travers les voitures qui se croisent pendant deux heures sur la rive gauche, entre les deux chalets, elle aperçut le baron Charles Hounot, cet étourdi qui avait annoncé la mort de Corinne.

Le baron la salua, et comme elle lui faisait un signe, il s'approcha.

Pauline était pâle, mais elle ne pleurait plus, et avait même la force de sourire.

— Mon cher, dit-elle au baron en lui tendant la main, je vais à Madrid; allez-y. Donnez votre cheval à tenir, et vous viendrez à ma rencontre. J'ai besoin de causer avec vous.

Le baron ne se le fit pas répéter; il mit son cheval au galop, tandis que Pauline faisait signe à son cocher de tourner bride, et il arriva à Madrid en quelques minutes, puis il revint à la rencontre de Pauline qui allait au pas, et monta à côte d'elle.

— Mon ami, lui dit alors la jeune femme, vous savez que j'étais liée avec Corinne Destremont?

— Oui.

— J'ai été absente de Paris, je n'ai rien su que ce que les journaux ont raconté, et je m'imagine que vous savez une foule de choses qu'ils n'ont pas dites.

— Je suis d'autant mieux renseigné, ma chère

Pauline, répondit le baron, que j'arrive de Bourgogne.

— Ah!

— Le baron de B... m'avait invité à l'enterrement de Corinne. J'y suis allé.

— Alors, dites-moi tout.

Le baron ne se fit pas prier, il raconta tout ce que nous savons déjà, ajoutant que l'on était maintenant convaincu que les diamants avaient été volés par des gens mal famés appelés les Balthasar.

Ces gens-là avaient disparu. Leur signalement avait été envoyé à toutes les brigades de gendarmerie, mais jusqu'à présent les recherches étaient demeurées sans résultat.

— Mais enfin, dit Pauline, comment Corinne était-elle chez le marquis, avec qui elle avait rompu depuis longtemps?

— C'est ce que j'ignore.

— Êtes-vous resté longtemps, là-bas?

— Deux jours.

— Avez-vous rencontré un autre ami de Corinne, Villenave?

— Parbleu!

— Ah! vous l'avez vu... Il va se marier, dit-on?

— Ma belle amie, dit le baron, si vous voulez dîner en tête-à-tête avec moi, je vous raconterai l'histoire du prochain mariage de Villenave. C'est tout un roman.

— En vérité?

Et Pauline eut la force de prendre un air étonné et naïf.

Ils entrèrent à Madrid et s'enfermèrent dans un cabinet.

Alors M. Hounot ne se fit pas prier pour narrer dans tous ses détails le drame que nous avons déjà raconté et que le marquis lui avait confié tout au long.

Madame de Planche-Mibray était bohémienne d'origine. A ce titre elle avait inspiré une passion frénétique à un bohémien appelé Munito.

Ce bohémien avait assassiné M. de Maugeville, le fiancé de la baronne, ou du moins on le présumait, car jamais on n'avait retrouvé le corps de ce dernier.

Ces paroles firent tressaillir Pauline jusqu'au fond de l'âme.

— Vrai! dit-elle, on n'a pas la preuve de la mort de M. de Maugeville?

— Non.

— Pourtant, il a été tué?

— C'est ce que semblent indiquer d'abord la mare de sang trouvée sur la route, ensuite les précautions prises par Munito, qui s'est longtemps dérobé aux recherches les plus actives.

— Oh! mon Dieu! pensait Pauline, s'il n'était pas mort!

Et, dans son cœur, qu'elle croyait mort, tremblota une lueur indécise qui était peut-être bien un rayon d'espérance.

— Mais enfin, dit-elle, on a fini par arrêter ce bohémien?

— Pas le moins du monde. C'est Villenave qui l'a tué.

— Comment?

— Cet homme s'était introduit jusque dans la chambre de la baronne, et il allait en abuser quand Villenave est survenu et lui a cassé la tête d'un coup de pistolet.

— Ce qui fait que Villenave est devenu le sauveur de sa tante?

— Oui.

— Et que sa reconnaissance lie cette dernière?

— Comme bien vous pensez.

— Je vous remercie, dit froidement Pauline. Vous êtes renseigné comme une gazette.

Elle dîna du bout des dents, pour abréger le tête-à-tête, et, à huit heures et demie, elle demanda sa voiture pour rentrer à Paris.

Sa femme de chambre l'attendait avec une vive impatience.

— Qu'y a-t-il donc encore? demanda Pauline en la voyant très-émue.

— Madame, répondit Jenny, l'Espagnole est partie.

— Quelle Espagnole?

— La femme d'en face, la bohémienne.

— Eh bien?

— Je ne sais pas où elle est allée, mais bien sûr, il y a un nouveau malheur sous roche.

Pauline tressaillit.

— Voyons, dit-elle, explique-toi?...

— Madame, reprit Jenny, il y a dans la maison en face un valet de chambre qui me courtise.

— Bon!

— Par lui, j'ai su toute l'histoire de l'enlèvement de M. de Villenave.

— Après?

— Ce valet de chambre, qu'on appelle Victor, est venu ici tout à l'heure, et il m'a dit :

« — Votre maîtresse connaît M. de Villenave?

« — Sans doute, ai-je répondu.

« — Eh bien! venez avec moi... vous allez en entendre de belles. »

Je l'ai suivi, et il m'a conduit dans cet appartement, qui est celui de son maître, lequel est encore en voyage, et qui communique avec l'appartement de la bohémienne Dolorès.

— Ah! fit Pauline.

— Il a ouvert l'armoire a porte-manteau qui

masque la porte, et j'ai vu un trou par lequel passait un filet de clarté.

Il était alors presque nuit. Nous étions dans l'ombre, et la chambre qui se trouvait de l'autre côté de la porte était éclairée.

J'ai collé mon œil au trou, et j'ai regardé.

La bohémienne n'était pas seule : elle était avec son Espagnol.

Celui-ci était couché sur le divan et fumait fort tranquillement sa cigarette.

Quant à la bohémienne, elle se promenait de long en large. L'œil en feu, les cheveux en désordre, elle avait l'air d'une bête fauve prise au piége. Je me suis mise à écouter.

— Quand tu te démèneras ainsi, disait l'Espagnol avec flegme, tu ne ressusciteras pas Munito.

— Je le vengerai.

L'Espagnol haussa les épaules et reprit :

— A ta place, je ne me dérangerais pas pour si peu. C'est un fier débarras et tu l'avais sur les bras tous les jours.

— C'était mon frère.

— Soit. Mais ce n'est pas une raison...

— Je le vengerai, te dis-je.

— Mais comment?

— D'abord, je tuerai son meurtrier.

— Villenave?

— Oui.

Et elle prit un poignard sur la cheminée et se mit à le brandir.

— Ma chère, dit froidement l'Espagnol, si tu assassines M. de Villenave, on te prendra, on te jugera, et tu seras guillotinée.

— Que m'importe?

L'Espagnol haussa de nouveau les épaules et ne répondit pas.

Dolorès reprit avec une exaltation et une fureur croissantes :

— Et puis, c'est cette femme qui est cause de sa mort, que je veux tuer :

— Corinne?

— Non, la baronne... Fille de Bohême comme nous, elle nous a reniés; elle a méconnu l'amour de Munito...

— Voilà une chose que je comprends, dit l'Espagnol en souriant.

— Elle mourra!

Et Dolorès serrait le manche de son poignard dans ses doigts crispés.

— Ma chère, dit alors l'Espagnol, veux-tu un conseil?

— Je veux venger Munito.

— Soit; mais veux-tu un conseil?

— Parle.

— Tu es bohémienne. Les bohémiens jouent du poison aussi bien que du couteau.

— C'est vrai.

— Sers-toi du poison : c'est plus sûr, et puis la justice peut y perdre son latin.

— Tu as raison, dit Dolorès, je verrai...

Et, tout en parlant, elle faisait ses préparatifs de départ.

C'est ainsi qu'elle a pris un manteau de voyage, serré dans un sac un petit flacon que je soupçonne contenir quelque drogue malfaisante et qu'elle a envoyé le nègre lui chercher une voiture de place.

L'Espagnol et elle se sont quittés assez froidement, et celui-ci en l'embrassant lui a dit :

— Je te donne quinze jours. Si dans quinze jours tu n'es pas revenue, je retourne à Madrid.

— Je reviendrai quand ils seront morts tous deux, a-t-elle répondu.

Alors, madame, acheva Jenny, j'ai quitté mon poste d'observation et je suis allée m'abriter derrière les persiennes de la fenêtre.

J'ai vu Dolorès monter en voiture.

Où est-elle allée? Voilà ce que je ne sais pas... Mais je peux vous affirmer que M. de Villenave et madame de Planche-Mibray sont sérieusement en danger de mort.

Pauline ne répondit pas.

Elle s'enferma dans son cabinet de toilette et y changea de vêtements.

Jenny, étonnée, la vit ressortir, un quart d'heure après, en habits de voyage.

— Comment, madame, dit-elle, ce n'est donc plus demain que vous partez?

— Non, c'est ce soir, répondit Pauline. Il n'y a pas une minute à perdre. Il faut que je sauve madame de Planche-Mibray.

Mais quelque diligence qu'elle fît, Pauline n'arriva à la gare de Lyon qu'à six heures du soir.

Le train d'Auxerre était parti.

Il fallait attendre au lendemain matin. Cependant l'employé auquel elle s'adressa lui dit :

— Il y a un train à onze heures. Ce train, qui est omnibus, s'arrête à la Roche à cinq heures du matin, mais il n'y a pas de correspondance pour Auxerre. Seulement la distance n'est pas grande; vous trouverez certainement à la Roche une voiture qui vous conduira.

Pauline attendit.

Elle partit à onze heures, passa six mortelles heures dans le train-omnibus et arriva à la Roche.

Là, elle perdit deux grandes heures à faire chercher un cabriolet.

Enfin elle en trouva un dont le maître s'engagea

à la conduire à Auxerre moyennant la bagatelle de trente francs.

Pauline se remit en route.

Comme elle sortait du petit village de Moniteau, une heure après, elle aperçut une mendiante sur la route.

Cette mendiante se retourna et jeta un regard farouche sur le cabriolet dans lequel Pauline était assise à côté de son conducteur.

Mais elle ne tendit pas la main.

Pauline tressaillit.

Cette femme en haillons était jeune encore, elle était belle et avait le type bohême.

Pauline ne l'entrevit qu'une minute, car le cabriolet allait bon train ; mais un frisson lui parcourut tout le corps.

Il lui semblait que cette femme ressemblait à la bohémienne Dolorès...

Cependant, la réflexion aidant, cette supposition lui parut absurde.

Dolorès était partie de Paris la veille au soir, il est vrai ; mais elle était partie comme une femme qui mène la vie à grandes guides.

Comment croire qu'en route elle s'était tout à coup métamorphosée en vagabonde de grand chemin ?

— Je suis folle ! se dit Pauline Régis, qui, une

heure après, descendait à l'hôtel du *Léopard* et s'informait de la route à suivre pour se rendre à Coulanges-sur-Yonne, au château de Planche-Mibray.

III

Pauline Régis prit à peine le temps de se reposer quelques heures à Auxerre.

Puis elle demanda comment on se rendait à Planche-Mibray.

Elle avait un air si décent, un si joli visage, une toilette de voyage de si bon goût, que toute la province assemblée aurait juré qu'elle n'appartenait pas au théâtre.

On la prit pour une femme du vrai monde.

Les voitures publiques qui vont d'Auxerre à Clamecy et passent par Coulanges partent le matin à sept heures et le soir à six heures.

Celle du matin était partie.

Pauline ne voulait pas attendre celle du soir.

Bonnard, l'excellent homme qui tient le sceptre directorial de l'hôtel du *Léopard*, dit à la jeune femme :

— Madame, quiconque se présente ici en prononçant le nom de Planche-Mibray a droit à tous nos égards. Vous paraissez pressée d'arriver, je vais vous faire conduire dans mon char-à-bancs.

Le char-à-bancs du *Léopard* est une petite voiture assez élégante sur laquelle on dresse une tente en guise de capote, qui roule bien et que le gros percheron gris de l'hôtel traîne comme une plume.

Il y a deux bancs, et quatre personnes s'y trouvent à l'aise.

Pauline accepta l'offre qui lui était faite.

— Auguste! cria le maître d'hôtel, donne l'avoine a Coco!

Pauline voyageait avec une caisse unique.

Tandis que le cheval mangeait l'avoine, elle s'assit sur cette caisse et se prit à songer.

En quittant Paris, le but de son voyage lui paraissait facile.

Quoi de plus simple, en effet, à première vue, que d'arriver à Planche-Mibray et de dire à la baronne : « Madame, vous courez un double danger : le premier, que je considère comme le moindre, est un danger de mort; le second, et à mes yeux c'est le plus terrible, est d'épouser un misérable qui n'est certainement pas étranger à la mort de M. de Maugeville et qui, pour obtenir votre main et votre fortune, a ourdi les plus viles intrigues »?

Pauline était partie en se traçant ce programme.

Mais, à mesure qu'elle approchait du terme de son voyage, l'exécution lui paraissait plus difficile.

D'abord la baronne ne la connaissait pas, n'avait peut-être même jamais entendu parler d'elle. Ensuite, M. de Villenave était au château certainement, et qui donc, de la femme de théâtre ou de l'homme à qui elle allait unir sa destinée, la baronne croirait-elle le plus facilement?

— Cependant, se disait Pauline, il faudra bien que la baronne me croie! D'ailleurs, j'ai une preuve matérielle à mettre sous ses yeux.

C'est le billet écrit à Corinne par Villenave et qui fait foi de sa trahison envers M. de Mangeville.

En effet, Pauline avait conservé précieusement ce billet.

Tandis qu'elle rêvait au moyen de parvenir jusqu'à madame de Planche-Mibray sans rencontrer M. de Villenave et sans qu'il fût prévenu de son arrivée, une vieille femme qui portait un panier au bras entra dans la cour du *Léopard*.

— Tiens! dit le valet d'écurie qui jetait quelques seaux d'eau sur les roues du char-à-bancs pour les laver, voilà la maman Bréhaigne.

— Bonjour, mon garçon, répondit la vieille.

C'était en effet la Bréhaigne, notre vieille connaissance.

Elle venait souvent à Auxerre, et elle n'y venait jamais sans entrer au *Léopard*, où tout le monde, depuis les maîtres jusqu'aux valets et aux servantes, lui faisait des amitiés.

On lui donnait généralement un verre de vin, un morceau de pain et de fromage, souvent une assiettée de soupe.

Le valet d'écurie lui dit :

— Entrez donc à la cuisine, maman Bréhaigne : on vous donnera à boire et à manger.

— Venez donc, la mère, dit en même temps le bon Bonnard, qui se trouvait sur le seuil de la cuisine.

— Vous êtes des gens bien charitables, répondit la bonne femme. Dieu vous le rendra !

Et elle entra.

Au valet d'écurie vint se joindre le cocher de l'hôtel, qui dégringola de la soupente située au-dessus des remises et où il était allé endosser sa veste du dimanche pour faire honneur à la belle dame qu'il allait conduire.

Le cocher et le palefrenier se mirent à parler de la Bréhaigne.

— Elle a de fameuses jambes tout de même, dit le cocher.

— Des jambes de fer, dit Auguste.

— Elle vient de Coulanges deux ou trois fois par semaine, tout au moins.

— Ah ! dame ! oui.

— A pied, et elle s'en retourne de même.

— Quatorze lieues dans sa journée, quoi !

— Mais elle fait des commissions, et ça l'aide à vivre ; et puis tout le monde est bon pour elle, dit Auguste.

— Ça, c'est vrai.

— On lui donne partout : à Planche-Mibray, à Rochepinte, au Seuil, chez ce pauvre M. de Maugeville, qui est mort.

Tous ces noms résonnaient à l'oreille de Pauline comme des coups de tam-tam.

— Quelle est donc cette femme? dit-elle enfin, s'adressant directement au palefrenier, qui achevait de nettoyer le char-à-bancs.

— C'est une femme de Coulanges-sur-Yonne, madame.

— C'est une mendiante ?

— Pas tout à fait, mais c'est tout comme.

— Et elle vient à pied ?

— Oui, madame.

— Et elle s'en retourne a pied ?

— Quelquefois elle trouve un voiturier complaisant qui la prend dans sa charrette, ou même un bourgeois qui la laisse monter à côté du cocher. Ça la soulage bien, allez !

— Eh bien, dit Pauline en souriant, si vous voulez la prendre à côté de vous, je ne m'y oppose pas. Au contraire, je serai heureuse de lui rendre ce petit service.

— Elle va être joliment contente, pour le coup, dit Auguste.

— Hé! la mère, dit le cocher en voyant la Bréhaigne qui sortait de la cuisine avec une grosse tartine de beurre à la main, venez donc un peu par ici.

La Bréhaigne s'approcha et fit à Pauline une belle révérence de village.

— Madame va à Coulanges, dit Auguste.

— Ah! fit la Bréhaigne.

— Et elle veut bien que vous montiez dans la voiture, ça vous fera une belle économie pour vos vieilles jambes, hein?

— Tout de même, dit la Bréhaigne.

Et elle fit à Pauline une nouvelle révérence.

Puis une certaine hésitation se peignit sur son visage.

— Madame est bien bonne, dit-elle; cependant, je ne sais pas...

— Si vous devez accepter, dit Pauline en souriant. Oui, ma brave femme, c'est de bien bon cœur que je vous rends ce petit service.

— C'est que vous partez peut-être tout de suite, dit la Bréhaigne.

— Dans un petit quart d'heure, la mère, répondit le cocher.

— Le temps de faire boire Coco, et nous attelons.

— Alors, dit la Bréhaigne, j'aurai le temps d'aller jusque chez le pharmacien de la rue du Pont.

— Allez, et dépêchez-vous, maman.

La Bréhaigne salua de nouveau Pauline, et, au lieu de prendre par le quai, ce qui était le plus long, elle sortit par la petite porte de service en disant :

— Je ne sais que ces deux chemins.

— Ah ça! dit Auguste le palefrenier au cocher, qui s'appelait Jaquet, as-tu remarqué que, depuis un mois, la Bréhaigne ne vient pas une seule fois à Auxerre sans aller chez le pharmacien?

— Pardieu! si je l'ai remarqué, répondit Jaquet; et ce qu'il y a de drôle, c'est que les remèdes qu'elle vient chercher ne sont ni pour elle, ni pour personne de Coulanges.

— Pour qui donc sont-ils?

— Pour l'ermite de Frettoie.

— Comment sais-tu ça?

— Voici la chose. La semaine dernière, j'ai conduit à Coulanges des bourgeois qui venaient de Paris pour l'enterrement de la dame qui s'est tuee au ravin de l'*Homme mort*, et que cet original de marquis de B... a fait embaumer comme une princesse.

— Eh bien?

— Ces deux bourgeois, car ils étaient deux, m'ont dit : « Vous reviendrez nous chercher après-demain. »

— Je sais ça.

— Alors tu te souviens que j'ai emmené la Bréhaigne, vu que je partais a vide?

— Oui.

— Elle avait son panier comme à l'ordinaire, plein de fioles et de drogues qu'elle avait prises chez le pharmacien de la rue du Pont.

— Bon !

— Quand nous avons été en pleine forêt, je me suis arrêté un moment, selon l'habitude, à la porte du garde-chef, pour boire un coup et laisser souffler mon cheval.

Alors la Bréhaigne est descendue en me disant :

— Je m'arrête ici. Merci, Jaquet.

J'ai cru que les remèdes étaient pour la femme du garde qui est accouchée dernièrement.

Je me trompais ; la Bréhaigne n'est seulement pas entrée et je l'ai vue qui prenait à travers bois.

Puis j'ai aperçu l'ermite qui venait a sa rencontre.

T. III.

Elle lui a donné le panier, ils se sont mis à parler à voix basse, et je les ai perdus de vue.

— Il est donc malade, l'ermite?

— Il n'en a pas l'air, pourtant.

— C'est drôle, tout de même, fit Auguste qui donnait un coup de peau à ses roues.

Pauline, assise à quelque distance, n'avait pas perdu un seul mot de cette conversation; et, il faut bien le dire, les dernières paroles des deux valets avaient piqué sa curiosité au plus haut point.

La Bréhaigne revint.

Elle avait toujours son panier au bras.

— Je ne vous ai pas fait attendre, comme vous voyez, dit-elle.

Le palefrenier sortait de l'écurie, amenant le cheval tout harnaché.

Tandis qu'on le mettait aux brancards, le maréchal, qui a sa boutique dans la petite rue qui forme les derrières de l'hôtel du *Léopard*, entra dans la cour et dit à Jaquet, en jetant un regard de côté sur le char-à-bancs :

— Tu es joliment feignant, tout de même, mon garçon.

— Pourquoi donc ça? demanda Jaquet.

— Parce que tu ne m'as pas amené ta voiture ce matin pour graisser les patentes; les boîtes n'ont plus d'huile.

— Bah! dit Jaquet, cela fera bien encore un voyage.

— C'est possible, mais prends garde que tes essieux ne se soudent aux roues. Et puis, tu sais? c'est une misère!...

— Chut! dit Jaquet, voilà le patron, tu me ferais donner un savon. Demain, je t'amènerai la voiture.

Et il monta sur son siége et prit les rênes.

On avait chargé la caisse de Pauline et elle s'était installée sur le second banc, tandis que la Bréhaigne prenait place à côté du cocher.

— En route! dit celui-ci.

Le char-à-bancs sortit bruyamment de la cour, et un quart d'heure après il était sur la grande route d'Auxerre à Coulanges.

En partant, Jaquet s'était penchée à l'oreille du palefrenier, lui disant :

— Ça m'intrigue l'histoire des remèdes et de l'ermite. Faut que je fasse jaser la vieille.

Et en effet, comme ils atteignaient la côte, un peu dure à monter, de Fort-l'Évêque, Jaquet dit tout à coup à la Bréhaigne :

— Il est donc malade, l'ermite?

— Hein! fit-elle en tressaillant.

— C'est pour lui, vos remèdes?

— Non, dit-elle sèchement.

— Pour qui donc?

— Mon garçon, dit-elle d'un ton sévère, est-ce que je te demande tes affaires, moi?

— Ne vous fâchez pas, maman... mais c'est que... voyez-vous...

— Eh bien, quoi ?

— Ça m'intrigue, et je ne suis pas le seul...

— Un jour viendra qu'on saura tout, dit-elle sentencieusement.

Et elle retomba dans son mutisme.

Pauline écoutait toujours.

Le silence de la Bréhaigne ne faisait pas l'affaire de Jaquet, qui était causeur de sa nature.

Voyant que la vieille femme ne voulait pas s'expliquer sur ses relations mystérieuses avec l'ermite de Frettoie, il mit la conversation sur un autre sujet.

— Vous avez eu tout de même bien des histoires dans votre pays depuis un mois, dit-il.

— Ça, c'est vrai.

— Et avec tout ça, on n'a pas retrouvé le corps de M. de Maugeville.

Pauline tressaillit de nouveau.

La Bréhaigne ne répondit pas.

— J'ai dans mon idée une drôle de chose, poursuivit Jaquet.

— Ah ! fit la Bréhaigne.

— C'est bien drôle qu'un homme assassiné ne se retrouve pas, poursuivit Jaquet.

— La forêt est grande, dit la vieille femme.

— Je ne dis pas non, mais on l'a pourtant cherché joliment.

— Quelquefois, répondit la Bréhaigne, on cherche une aiguille dans une botte de foin, et on ne la trouve pas davantage.

— C'est égal, j'ai mon idée.

— Quelle est-elle ?

— Je m'imagine que M. de Maugeville n'est pas mort.

La Bréhaigne ne souffla mot ; mais Pauline, qui retenait sa respiration, eut un battement de cœur : elle crut surprendre un mouvement de la Bréhaigne.

— Ça s'est vu, reprit Jaquet.

— Quoi donc qui s'est vu ? fit la vieille femme.

— Que des gens qu'on croyait morts revenaient un beau matin.

— Ça serait à souhaiter...

— Je crois bien, dit Jaquet, c'était un si bon enfant, M. de Maugeville... et généreux comme un roi.

— Oh ! pour ça, oui, fit la Bréhaigne.

Et de nouveau elle se tut.

Mais Jaquet continua :

— Ça serait à souhaiter, qu'il revînt, quand ce ne serait que pour empêcher madame la baronne

de Planche-Mibray d'épouser M. de Villenave...
un joli vaurien, celui-là...

La Bréhaigne eut tout à coup un accent de sourde ironie :

— Ça n'est pas encore fait, dit-elle. Faudra voir...

Et, comme elle disait cela, elle se retourna et fit soudain un haut-le-corps.

Pauline n'avait pu maîtriser son émotion durant cette conversation qui lui brisait l'âme, et deux grosses larmes roulaient sur ses joues.

La Bréhaigne se tourna tout à fait sur le banc, ce à quoi Jaquet ne fit pas attention.

Le char-à-bancs était arrivé à l'endroit le plus dur de la côte, et, pour soulager son cheval, Jaquet sauta lestement à terre.

Alors la Bréhaigne dit vivement à Pauline :

— Vous pleurez, madame ?

Pauline essuya ses larmes.

— Est-ce que vous connaissiez M. de Maugeville ? reprit la Bréhaigne avec une émotion subite.

Pauline eut l'héroïsme de faire un mensonge :

— Je suis sa sœur de lait, dit-elle à tout hasard.

La Bréhaigne étouffa un cri.

En même temps elle osa prendre la main de la jeune femme,

— Pauvre dame! dit-elle.

Et comme les larmes de Pauline recommençaient a couler :

— Le bon Dieu est meilleur qu'on ne croit! dit la Bréhaigne. Faudra voir...

Ce vague rayon d'espérance qui, par deux fois déjà, avait pénétré dans le cœur de Pauline, y brilla de nouveau.

— Que voulez-vous dire? fit-elle vivement.

— Rien, dit la Bréhaigne.

Mais Pauline lui secoua la main avec une énergie fiévreuse :

— Si vous savez quelque chose, dit-elle, par pitié, dites-le-moi.

— Je ne sais rien.

— Oh! je lis dans vos yeux que vous me trompez! dit Pauline d'une voix désespérée. Au nom du Dieu dont vous exaltiez la bonté tout à l'heure, si vous savez ce qu'est devenu M. de Maugeville, dites-le-moi.

Et la voix de Pauline était devenue suppliante et presque irrésistible.

La Bréhaigne parut émue ; un moment même, ses lèvres s'entr'ouvrirent comme pour laisser passer un secret, mais elle prit une détermination soudaine :

— Non, dit-elle, j'ai fait un serment.

A qui?

— A l'ermite.

Cette réponse fut pour Pauline toute une révélation.

Et saisissant de nouveau la main de la Bréhaigne, elle lui dit avec un accent d'angoisse, où perçait cependant l'espérance :

— Ah! dites-moi qu'il n'est pas mort!

— Silence! dit la Bréhaigne. Plus tard.

Jaquet venait de remonter sur son siége et de reprendre les rênes qu'il avait entortillées après le fouet.

Le char-à-bancs était parvenu en haut de la côte et se trouvait maintenant en face d'une descente non moins rapide.

Pauline put essuyer ses larmes et dominer son émotion sans que Jaquet, tout occupé de serrer sa mécanique, l'eût remarquée.

Mais tout à coup la Bréhaigne, qui fixait au loin devant elle le regard clair de ses petits yeux gris, s'écria :

— Ça serait-il Dieu possible!

— Quoi donc? fit Jaquet.

— Regarde.

Et elle étendait la main.

On voyait luire au soleil, au bas de la descente, les buffleteries et les sabres de quatre gendarmes, et, au milieu d'eux, on apercevait deux hommes et une femme qui cheminaient, les mains liées par une corde dont l'extrémité se rattachait à la selle des chevaux.

— Oh! oh! fit Jaquet, ils ont fait chasse, les gendarmes.

— Et une belle chasse encore! si je ne me trompe, dit la Bréhaigne.

— Qui donc ça, la mère?

— C'est la vieille Balthasar et ses deux fils, qui ont volé les diamants de la petite dame de Paris.

Pauline tressaillit de nouveau et se pencha vivement en avant pour voir les prisonniers.

IV

Le char-à-bancs s'arrêta pour laisser passer les gendarmes.

Au milieu de ceux-ci marchaient les trois Balthasar.

Les deux fils, mornes et sombres, baissaient la tête.

La mère, au contraire, riait avec cynisme, et, quand elle fut auprès du char-à-bancs, elle entonna une chanson obscène.

Puis elle reconnut la Brehaigne :

— Hé ! la vieille ! lui cria-t-elle, toi qui va souvent à Auxerre, viendras-tu me voir faucher ?

— J'irai, répondit la Bréhaigne avec un accent qui glaça Pauline.

— Hé ! brigadier ! dit Jaquet le cocher du *Léopard*, vous avez fait une bonne chasse, comme je vois...

— Ce n'est pas nous, dit le brigadier.

— Alors, c'est ceux de Coulanges ?

— Ah ! bien oui ! on a arrêté ces gaillards-là de

l'autre côté de Nevers. Ils allaient bon train ; mais a présent, fit le brigadier en souriant, on les a mis à un pas moins accéléré.

Claire Balthasar se mit à ricaner :

— Tu n'as qu'à regarder le brigadier pour voir que c'est un propre-à-rien, dit-elle. C'est pas lui qui nous aurait pincés dans une grange après y avoir mis le feu.

Mes braves enfants ont tout de même tué deux gendarmes, les chers agneaux !

Ainsi, notre compte est bon !

Et elle eut un horrible geste qui consistait à rabattre sa main ouverte sur son cou, de façon à simuler le couperet de la guillotine.

— Marche donc, vieille sorcière ! dit le brigadier, qui lui appliqua sur les épaules un coup de sa bride terminée en cravache.

Et le convoi de prisonniers continua son chemin, tandis que le char-à-bancs se remettait en route en sens inverse.

Pauline était fort pâle.

Cette hideuse rencontre qu'elle venait de faire avait mis le comble à son émotion.

Elle eût donné en ce moment dix ans de sa vie pour que la Bréhaigne parlât et que Jaquet descendît de son siége.

Mais Jaquet se complaisait à parler des Balthazar, du vol des diamants, et il accaparait l'attention de la Bréhaigne.

Cependant cette lueur d'espoir qui s'était faite dans l'âme de Pauline grandissait.

Pourquoi la Bréhaigne, qui paraissait savoir tant de choses, lui aurait-elle parlé de cette façon mystérieuse si M. de Maugeville eût été mort?

Le char-à-bancs allait un train d'enfer.

Jaquet avait complétement oublié la recommandation du maréchal l'avertissant que l'absence d'huile dans les patentes pouvait amener le soudage des roues aux essieux.

De l'autre côté de Courson, en haut d'une côte, se trouve un cabaret chéri des rouliers, des conducteurs et de toute la gent qui tient un fouet et des rênes.

Il y a toujours du monde, même la nuit.

Passer devant le *Rendez-vous des hussards* sans s'arrêter serait une hérésie.

Quand il aperçut ce cabaret dans le lointain, Jaquet prit un ton lamentable et dit :

— Pauvre Coco! il est tout en eau. Faudrait pourtant le laisser souffler.

Et comme Pauline ne répondait pas, il s'adressa à elle directement :

— Excusez-moi, madame, dit-il; mais mon cheval aurait bien besoin de souffler un peu.

— Eh bien ! dit Pauline, que ces paroles arrachaient à quelque rêve dans lequel elle s'était absorbée, laissez-le se reposer, mon ami.

— Oh ! pas ici, dit Jaquet. Là-haut.

Et il étendait la main vers le bouchon, objet de sa convoitise.

— Comme vous voudrez ! dit Pauline.

Et elle retomba dans sa rêverie.

Un quart d'heure après, on arriva devant le *Rendez-vous des hussards.*

Jaquet entortilla ses rênes après son fouet et sauta lestement à terre.

Puis il entra dans le cabaret en disant :

— Hé ! père *Bourguignon !* un seau d'eau et un picotin pour la bête, et une chopine pour l'homme.

Le cabaretier était habitué à cette demande, car il s'empressa d'y satisfaire, se bornant à intervertir l'ordre dans lequel elle était formulée.

Dans son esprit, l'homme devant toujours passer avant le cheval, il commença par verser à boire à Jaquet.

Celui-ci avala un verre de vin en disant :

— Rien de nouveau ?

— Oh ! si fait, dit le *Bourguignon,* — c'était le surnom du cabaretier ; — est-ce que vous venez d'Auxerre ?

— Pardi !

— Alors, vous avez rencontré les gendarmes?

— Oui, papa.

— Avec leurs prisonniers?

— Comme vous dites.

— Ils ont bu un coup ici et ils ont jasé un brin, dit le cabaretier.

— Et qu'est-ce qu'ils ont dit?

— C'est toute une histoire, mon garçon. D'abord, les Balthasar sont comme des enragés!

— C'est-y vrai qu'ils avaient volé les diamants de la petite dame?

— Oui.

— Et les a-t-on retrouvés?

— Ils les ont bien défendus, il paraît : à preuve qu'ils ont tué deux gendarmes. Maintenant ils savent bien qu'ils seront guillotinés.

— On en guillotine pour moins que ça!

— Alors ils ont tout dit.

— Comment ça?

— C'est eux qui ont fait verser le *mail-coach* dans le ravin. Ils avaient tendu une corde dans laquelle les chevaux se sont embarrassés, et qui a tout fait chavirer.

— Oh! les gredins! murmura Jaquet avec une naïve admiration.

— Ce n'est pas tout, reprit le cabaretier; ils étaient trois frères...

— Je sais bien.

— C'est le plus jeune qui aurait trouvé la chose de mettre la corde en travers de la route.

— Le brigand!

— Quand la voiture a eu versé, ses frères l'ont tué d'un coup de fusil.

— Bien fait! dit Jaquet.

Il avala le reste de sa chopine, puis il prit un seau plein d'eau et une éponge, ressortit du cabaret et se mit a rafraîchir les naseaux et les oreilles de son cheval.

Après quoi, l'ayant débridé, il approcha de lui le mange-avoine qui était à la porte du cabaret, et dans lequel il versa le contenu du picotin en osier que lui avait remis le père Bourguignon.

Et comme le cheval ne boudait pas à l'avoine, Jaquet se dit :

— Je boirais bien une seconde chopine, il fait si chaud!

Et il rentra dans le cabaret.

Pendant ce temps, Pauline, abritée derrière son ombrelle, suppliait du regard la Bréhaigne de s'expliquer.

Mais la Bréhaigne était muette, et son visage demeurait impassible.

Jaquet avait engagé de nouveau la conversation avec le cabaretier.

— Où donc que tu vas comme ça? disait ce dernier.

— A Coulanges.

— Au château ou dans le bourg?

— Je ne sais pas. La dame que je mène ne me l'a pas dit.

Le cabaretier se pencha pour jeter un regard curieux au dehors et apercevoir Pauline.

Mais Pauline était à demi cachée par son ombrelle, et le père Bourguignon en fut pour ses frais de curiosité. Il ne put voir son visage.

Alors il se rejeta sur la Bréhaigne.

— Tiens, dit-il, tu as aussi la vieille?

— Oui.

— Est-ce qu'elle est encore allée au pharmacien, ce matin?

— Toujours, et ça commence à m'intriguer un peu, répondit Jaquet.

— Tu n'es pas le seul que ça intrigue, mon garçon.

— Ah! fit Jaquet.

— C'est pour l'ermite, les remèdes. Tu sais, le nouvel ermite?

— Oui. Il est donc malade?

— Mais non; il n'en a pas l'air, du moins. Chauvin, un des gardes, l'a suivi l'autre soir pour savoir où il allait avec son panier; mais il s'est jeté dans un fourré et il l'a perdu de vue.

— C'est drôle tout de même, ça.

— Bien drôle, dit Bourguignon.

La voix de Pauline se fit entendre en ce moment.

— Mon ami, disait-elle à Jaquet, est-ce que nous ne repartons pas?

— Si fait, madame, répondit Jaquet, qui ressortit précipitamment.

Le père Bourguignon le suivit, à seule fin de voir la dame, pensait-il.

Et sans doute qu'il la trouva jolie, car il eut un clignement d'yeux, et fit claquer sa langue comme un véritable amateur.

Jaquet rebridait son cheval.

— Faut que tu sois allé d'un joli train, dit le cabaretier, qui remarqua que la pauvre bête était toute en nage.

— Je suis allé un peu vite, c'est vrai, trop vite même, dit Jaquet, que le vin qu'il venait de boire rendait expansif. Le cheval, ça m'est égal; mais la voiture...

— Qu'est-ce qu'elle a donc, ta voiture?

— Il n'y a plus d'huile dans les patentes.

— Diable! fit le père Bourguignon, c'est dangereux ça, mon garçon. Tu pourrais bien rester en route. Aussi, voilà ce que c'est, les voitures à la mode! Un genre, quoi! Parlez-moi donc de celles qui se graissaient tout bêtement avec du saindoux. On en trouve partout.

— C'est bien vrai, dit Jaquet.

— Veux-tu que je te prête ma tapissière ? dit encore le cabaretier.

— Non, c'est pas la peine. J'arriverai bien jusqu'à Coulanges. Le charron de là-bas a de l'huile de pied de bœuf, et il sait graisser les patentes.

— Comme tu voudras.

Jaquet remonta sur son siége, dit pour la forme un « Excusez, madame, » fit claquer son fouet, et le cheval repartit.

Dans ce joli pays de l'Auxerrois, après une montée vient une descente ; mais au bout de la descente, il y a une autre montée, et ainsi de suite, toujours et partout.

Le char-à-bancs descendit avec vitesse.

Reconforté par ses deux litres d'avoine, le percheron avait retrouvé toute sa vigueur.

Au bout d'une heure, une ligne noire se dessina à l'horizon.

— Qu'est-ce que cela ? demanda Pauline.

— C'est la forêt de Frettoie que nous allons traverser, répondit la Bréhaigne.

— Sommes-nous encore loin de Coulanges ?

— Non ; au sortir de la forêt vous verrez le clocher.

— Est-ce que vous vous arrêtez encore en forêt, la mère ? demanda Jaquet.

— Oui, mon garçon.

— Vous avez rendez-vous avec l'ermite, pas vrai?

Et Jaquet prit un ton narquois.

— Ça ne te regarde pas, dit sèchement la Bréhaigne.

Cependant les roues commençaient à grincer, preuve évidente que la dernière goutte d'huile avait été absorbée.

— Tonnerre! dit tout à coup Jaquet, voici que le char-à-bancs pèse cinq cents kilos. Coco en a joliment sa charge.

Pauline ne comprenait pas très-bien.

D'ailleurs, elle était tout entière à son rêve d'espérance qui l'étreignait depuis quelques heures.

La voiture roulait maintenant en pleine forêt, dans un endroit désert et sauvage.

Tout à coup le cheval s'arrêta.

On eût dit que le poids qu'il traînait était au-dessus de ses forces.

— Hue! dit Jaquet en lui allongeant un vigoureux coup de fouet.

Le cheval repartit; mais alors Jaquet s'aperçut que l'une de ses roues de devant avait cessé de tourner.

Elle était soudée à l'essieu.

— Mille noms d'un chien! s'écria-t-il, nous voilà pincés!

— Qu'est-ce donc? demanda Pauline.

— Madame, répondit le pauvre garçon tout penaud, nous allons être obligés de rester ici jusqu'à ce qu'il passe une voiture pour nous venir en aide, à moins que je n'aille chercher la tapissière du père Bourguignon.

Pauline avait moins hâte d'arriver à Coulanges maintenant.

Ce qu'elle voulait, c'était faire parler la Bréhaigne, et, pour cela, il lui fallait se trouver en tête-à-tête avec elle.

Elle saisit donc avec une sorte d'empressement la proposition de Jaquet.

Celui-ci détela son cheval, traîna le char-à-bancs sur un des bas-côtés de la route, et, laissant les deux femmes en cet endroit solitaire, il partit au galop pour aller chercher la tapissière du cabaretier.

Pauline et la Bréhaigne restèrent donc seules en ce lieu isolé, au milieu de cette forêt silencieuse; il ne passait personne sur la route, et peut-être qu'en toute autre circonstance la jeune femme aurait éprouvé un léger effroi.

Mais Pauline ne songeait point à elle.

Pauline voulait savoir...

Aussi revint-elle à la charge.

Et, joignant les mains, elle regarda cette paysanne comme elle eût regardé une aïeule, lui disant :

— Au nom de Dieu, ma bonne mère, ne me direz-vous pas la vérité?

La Bréhaigne la regarda, lui vit les yeux pleins de larmes et fut émue :

— Eh bien! dit-elle, écoutez-moi, madame.

Pauline jeta un cri de joie.

— Ou allez-vous, à Coulanges · au château de madame la baronne ou à l'auberge?

— Je ne sais pas encore.

— Ah! fit la Bréhaigne étonnée.

Puis tout a coup :

— Mais vos affaires ne sont pas les miennes, et ça ne fait rien que vous soyez au château ou à l'auberge; je vous trouverai.

—. Eh bien? fit Pauline anxieuse.

— J'irai vous voir demain, poursuivit la vieille femme. Si l'ermite m'a dit quelque chose, s'il m'a permis de parler, je parlerai. Car au jour d'aujourd'hui, voyez-vous, je ne sais rien...

— Rien? dit Pauline d'une voix oppressée.

— Absolument rien.

Pauline comprit que cette femme était liée par un serment, et que ce serment elle ne le violerait pas.

Mais en même temps elle sentit grandir son

espérance, et cette espérance prendre des racines dans son cœur.

La Bréhaigne redevint silencieuse.

Pauline n'osa plus l'interroger.

Le temps s'écoulait. Il y avait plus d'une heure que Jaquet était parti, monté sur le cheval tout harnaché.

Pauline dit enfin :

— Il me semble qu'il tarde bien à revenir cet homme.

— Dame ! répondit la vieille, il aura bu un troisième coup ; il aime bien ça, le pauvre garçon !

— Mais la nuit approche... Savez-vous, dit naïvement la jolie actrice, que j'aurais joliment peur si j'étais toute seule ici ?

— C'est pour ça, madame, que je reste avec vous, répondit la Bréhaigne, car moi je suis presque arrivée.

— Ah ! vous n'allez pas jusqu'a Coulanges ?

— Non, je m'arrête là-bas... voyez...

Pauline regarda et ne vit aucune trace d'habitation.

Elle suivit des yeux la direction du doigt de la Bréhaigne, et n'aperçut qu'un tronc d'arbre couché au bord de la route.

— Mais ce n'est pas une maison, ça, dit-elle.

— Non, dit la Bréhaigne, mais c'est la que j'ai rendez-vous.

— Avec qui?

— Avec l'ermite.

Pauline tressaillit de nouveau.

— Et il va venir?

— Bientôt.

La Bréhaigne s'était fait un abat-jour de ses deux mains et regardait le ciel à travers les arbres.

— Oui, dit-elle, voici le moment... Avant une demi-heure, il sera ici.

Et comme elle disait cela, une forme brune passa dans une clairière voisine.

— Le voilà! dit la Bréhaigne.

Pauline se dressa vivement; et, en effet, elle aperçut l'ermite, qui s'approchait avec une lenteur prudente.

Quand il fut à dix pas de la route, il s'arrêta un peu étonné.

Il avait aperçu la Bréhaigne; mais il avait vu aussi le char-a-bancs abandonné et, dans le char-à-bancs, Pauline, une belle dame comme on n'en rencontre pas souvent à la campagne.

Un moment, il crut que c'était madame de Planche-Mibray, et il fut sur le point de prendre la fuite, mais la Bréhaigne lui fit un signe, et il s'approcha.

Alors, tandis qu'il saluait Pauline et la regardait avec une curiosité défiante, la Bréhaigne lui raconta en peu de mots comment elle se trouvait avec la jeune femme.

Puis elle lui tendit le panier et lui dit avec une anxiété que Pauline remarqua :

— Eh bien ? comment va-t-il ?

— Il a commencé à parler.

— Jésus Dieu ! est-ce possible ? dit la Bréhaigne en joignant les mains.

— Il m'a reconnu...

— Ah !

— Et certainement je réponds qu'il vivra, acheva l'ermite d'une voix émue.

Mais soudain Pauline jeta un cri, un cri dans lequel passa son âme tout entière, un cri où toutes les joies du paradis éclatèrent à la fois.

Et comme l'ermite la regardait et reculait stupéfait, elle lui saisit vivement la main :

— Ah ! dit-elle, dites-moi que vous parlez de *lui*.

— De lui ? dit Fanfreluche.

— Oui, de Maugeville ! répondit Pauline affolée...

La Bréhaigne la regarda :

— Ah ! pauvre petite dame, dit-elle, comme elle l'aime...

Pauline s'écria :

— Je l'aime et je le pleure comme une sœur. Ah! si c'est de lui que vous parlez, dites-le-moi.

Et elle joignait les mains, et des larmes brûlantes inondaient de nouveau son joli visage.

— C'est de lui, dit Fanfreluche ému.

— Mon Dieu! dit Pauline en tombant à genoux, merci!

— Il vit et il est sauvé, ajouta l'ermite.

— Mais où est-il, Seigneur? dit encore Pauline.

L'ermite la prit par la main

— Eh bien! dit-il, venez avec moi

V

Avant d'aller plus loin et de suivre Pauline Régis et l'ermite, disons ce qui s'était passé depuis huit jours au château de Planche-Mibray.

Madame Villemur, la jeune veuve aux deux petites filles, avait quitté le château le lendemain de ce terrible drame qui avait eu pour dénoûment la mort de Munito le bohémien.

Madame de Planche-Mibray l'avait voulu ainsi.

— Mon amie, lui avait-elle dit, vous étiez venue partager ma solitude, et voici que ma solitude se peuple de choses épouvantables.

La justice fera chez moi descentes sur descentes, les gendarmes seront de la partie.

Il ne faut pas que vos enfants aient ce triste spectacle sous les yeux. Partez.

— Vous voulez donc que je vous abandonne ainsi, ma pauvre amie? s'était écriée madame Villemur émue.

— Vous ne m'abandonnez pas, car bientôt peut-être irai-je vous rejoindre.

Cela se passait à sept heures du matin, au lendemain de cette nuit terrible que nous avons racontée.

Les deux petites filles, couchées dans une des parties reculées du château, n'avaient rien entendu, ni les cris des gens de la baronne, ni les pas des chevaux, ni le coup de pistolet qui avait tué Munito.

L'enfance dort si bien!

Ce n'avait été qu'après le départ de madame Villemur que le délire s'était emparé de madame de Planche-Mibray et l'avait clouée sur son lit pendant quarante-huit heures.

Durant cet espace de temps, la justice était venue, avait constaté la mort du bohémien et ordonné qu'il fût enterré dans un coin du cimetière de Coulanges.

Puis tout était rentré dans le calme, et la paix était redescendue sur le toit de cette maison où régnait le deuil.

M. de Villenave, jouant son rôle en comédien consommé, avait demandé la permission de se retirer chez son ami le marquis de B...

— Allez, lui avait dit la baronne, vous saurez bientôt si je tiens mes promesses.

Or, cette nuit-là même où Corinne traversait Coulanges en pleine nuit, dans le *mail-coach* du marquis, ne se doutant pas, la malheureuse, qu'elle allait à la mort, une lampe brûlait, vers trois heures du matin, aux fenêtres de la chambre à coucher de madame de Planche-Mibray.

Dans la cour d'honneur du château était une voiture de voyage prête à partir.

A l'écurie, les palefreniers donnaient l'avoine aux chevaux.

Quant à la baronne, elle ne s'était point mise au lit.

Vêtue d'une robe de voyage, assise devant une table, elle écrivait la lettre que voici à M. de Villenave :

« Monsieur et mon cher neveu,

« Quand cette lettre vous parviendra, j'aurai quitté Planche-Mibray pour toujours.

« J'ai passé hier la journée avec M. Bompoint, le notaire de Châtel-Censoir, et nous avons mis ordre à mes affaires.

« Dans vingt-quatre heures, j'aurai franchi les portes d'un couvent. Dans huit jours, j'aurai prononcé des vœux temporaires.

« Dans un an, ces vœux seront devenus éternels.

« A cette époque-là seulement, je serai morte au monde et ma succession sera ouverte.

« La loi le veut ainsi.

« Pendant cette année qui va s'écouler, je vous charge de la gestion de mes biens.

« Le lendemain du jour où mes cheveux seront tombés sous les ciseaux monastiques, mon testament, déposé dans les mains de M. Bompoint, sera ouvert.

« Ce testament vous institue mon légataire universel.

« Cette fortune, que je vous prie d'accepter, me vient de votre oncle.

« Le bien, un moment détourné de sa source, doit y retourner.

« Vous m'avez donné des preuves d'affection non équivoques depuis quelque temps, et je suis convaincue que vous exaucerez ma prière, c'est-à-dire que vous respecterez les volontés de feu M. le baron de Planche-Mibray, mon époux regretté.

« Le baron m'avait fait jurer de ne jamais vendre Planche-Mibray, si je venais à lui survivre.

« Vous garderez ce vieux manoir, qui est presque votre berceau, n'est-ce pas ?

« J'ai encore une prière à vous faire, et cette prière, votre oncle vous l'eût faite aussi.

« Le nom de Planche-Mibray ne doit pas s'éteindre.

« Vous épouserez, soit à Paris, soit dans notre

chère province, une jeune fille de naissance et de vertus; vous viendrez passer l'automne ici, et vous demanderez au garde des sceaux l'autorisation d'appeler votre fils aîné Villenave de Planche-Mibray.

« J'ai fait quelques legs de peu d'importance.

« Tous les serviteurs du château datent de votre excellent oncle.

« Je leur ai assuré du pain pour leurs vieux jours.

« Je vous demande, en outre, la permission de faire une donation de cinquante mille francs à mon couvent.

« Enfin, mon amie madame Villemur n'est pas riche.

« Votre oncle, qui l'aimait beaucoup, avait, je le sais, l'intention de doter ses filles.

« J'ai respecté cette intention et je leur laisse cent mille francs qui, capitalisés, seront presque doublés à l'époque de leur mariage.

« Toutes ces sommes prélevées, mon cher neveu, y compris ma dotation à l'église et aux pauvres de Coulanges, et une fondation perpétuelle pour dire des messes tant pour le repos de l'âme de votre oncle que pour celui de l'âme de mon pauvre Manuel, il vous restera trois cent cinquante mille livres de rente, assez pour rendre au vieux nom de Planche-Mibray toute sa splendeur.

« Adieu, mon cher neveu. Cette lettre est la dernière que vous recevrez de moi.

« MARTHE DE PLANCHE-MIBRAY. »

Après cette lettre, la baronne en avait écrit une autre.

Celle-là était adressée à madame Villemur :

« Mon amie,

« Je viens vous dire un éternel adieu et vous supplier d'accepter un modeste souvenir, pour vos enfants, de celle à qui vous avez donné tant de preuves d'affection.

« J'entre au couvent.

« Ce soir, ses portes se seront refermées sur moi.

« Que voulez-vous que je fasse maintenant dans la vie? Le seul homme que j'ai aimé d'un véritable amour n'est plus.

« M. de Planche-Mibray était un père pour moi, mais Manuel eût été un mari ou plutôt un amant.

« Manuel est mort, je dois mourir aussi; c'est-à-dire qu'il n'y a plus pour moi de refuge que dans la vie monastique et l'amour de Dieu.

« Et puis, mon amie, je me suis moi-même fermé toute retraite.

« N'ai-je pas promis ma fortune à M. de Villenave ?

« Il m'aime, ou prétend m'aimer, peu importe !

« Il a tué Munito ; c'est-à-dire qu'il m'a mise en demeure, en vengeant Maugeville, de tenir mon serment.

« Si je renonçais au couvent, en bonne loyauté, il me faudrait épouser M. de Villenave.

« Est-ce possible ?

« Par moment, je repousse loin de moi toutes mes préventions.

« M. de Planche-Mibray ne l'aimait pas, — j'admets que M. de Planche-Mibray avait tort.

« Je ne l'estimais pas, — j'admets encore que je me trompais.

« Je vais plus loin, je suis convaincue que M. de Villenave est un galant homme dans toute l'acception du terme.

« Et s'il en est ainsi, il a le droit d'être aimé ; et c'est un devoir pour la femme qui lui accordera sa main de lui rendre amour pour amour.

« Le puis-je ?

« Mon cœur est muet.

« J'ai donc fait le sacrifice de ma vie mondaine, et je me réfugie dans l'amour de Dieu.

« La baronne de Planche-Mibray est morte, mon amie.

« Morte la fille de sang bohême qui s'est souvenue de son origine, aux heures tourmentées et violentes.

« Et je puis, dès à présent, vous envoyer, avec mes caresses pour vos deux anges, les vœux, pour votre bonheur, de celle qui n'est plus que

« Sœur Marthe. »

« *P. S.* Ne me plaignez pas trop, du reste, ma bonne amie.

« Si vous saviez quel amour de couvent j'ai choisi.

« Il est à six lieues d'ici, dans une vallée sauvage et pittoresque du Morvan.

« Par un temps clair, quand on arrive en haut de la montagne qui domine le manoir de Chastellux, on aperçoit sous ses pieds, à droite, un fouillis de collines boisées, un pêle-mêle de vallons, de bois et de prairies.

« Au milieu se dresse un clocheton blanc.

« C'est le couvent de la *Pierre-Qui-Vire*.

« Ce couvent est une communauté de moines-mendiants.

« A deux lieues plus loin, et sans que le décor ait changé, se trouve un couvent de femmes. Ce sont des Ursulines.

« La règle n'en est pas très-austère.

« Elles ne sortent pas, les saintes filles de Dieu, mais leur jardin est si vaste !

« Et puis, au delà des murs du jardin, un horizon de vertes montagnes qui se détachent dans le ciel bleu ! Et le soir, l'Angelus des villages voisins qui se fait entendre, mêlé à la chanson des pâtres et aux bêlements des troupeaux qui rentrent en agitant leurs sonnettes ; je me croirai encore à Planche-Mibray.

« Adieu donc, mon amie, ma sœur. Songez quelquefois à celle qui va prier Dieu pour vous.

« Marthe. »

Quand elle eut scellé ces deux lettres, la baronne se leva, s'approcha de l'une des croisées et l'ouvrit. Cette croisée donnait sur le parc.

Au delà du parc, le petit bourg de Coulanges paresseusement allongé sur la rive gauche de l'Yonne.

Au delà encore la plaine fertile, et, bornant la plaine, les premières collines du Nivernais.

Les clartés indécises de l'aube glissaient dans le ciel, éclairant à demi cette calme nature et lui imprimant un cachet de poésie mélancolique.

La baronne reposa son front pâli aux fraîcheurs du vent matinal.

Pendant quelques minutes, accoudée à l'entablement de la fenêtre, elle promena son regard sur ces campagnes paisibles où elle avait vécu si longtemps heureuse.

Une larme perla même à l'extrémité de ses longs cils bruns.

— Adieu!... murmura-t-elle.

Puis elle se rejeta en arrière par un mouvement presque fébrile, ferma la fenêtre et s'approcha d'un gland de sonnette qu'elle secoua.

Un domestique parut.

C'était le vieux valet de chambre de M. de Planche-Mibray.

— Jean, lui dit-elle, la voiture est-elle attelée?
— On attelle, madame.

— Bien! je suis prête. As-tu exécuté mes ordres; tous les domestiques du château sont-ils levés?

— Je les ai réunis dans la salle à manger, répondit Jean, comme madame me l'avait recommandé.

— Et toi, es-tu prêt?
— Oui, madame.

La voix du vieux serviteur tremblait.

— C'est bien, dit la baronne.

Elle prit les deux lettres et dit encore :

— Tu mettras ceci à la poste quand nous passerons à Avallon.

Jean tressaillit.

— Je croyais que nous allions à Paris, dit-il.

— Non, dit la baronne d'un signe de tête.

Elle lui tendit l'autre lettre :

— Tu feras porter celle-là au château de Rochepinte; elle est pour M. de Villenave.

Jean tenait les deux lettres dans sa main.

Cependant, au lieu de sortir, il demeurait la, planté sur ses deux pieds, regardant sa jeune maîtresse avec une douloureuse stupéfaction.

— Eh bien ! va, dit-elle.

Mais Jean ne bougea.

— Madame la baronne, dit-il, j'ai vu M. de Planche-Mibray enfant, et vous m'avez fait quelquefois l'honneur de me dire que j'étais un ami plutôt qu'un domestique.

— C'est vrai, dit-elle.

— Je ne sais pas où nous allons, poursuivit-il, mais je n'augure rien de bon de ce voyage, et les autres sont comme moi, là-bas; il ont tous des larmes aux yeux.

— Mon ami, répondit madame de Planche-Mibray émue, je quitte le château.

— Pour longtemps?

— Pour toujours.

Jean poussa un cri et tomba a genoux.

Elle le releva et lui dit :

— Va, mon vieil ami, n'ebranle pas ma force par ta faiblesse. Je ne puis rien te dire de plus maintenant. Descends et dis-leur que je te suis.

Elle eut un geste impérieux et doux à la fois, et Jean sortit en sanglotant.

Quelques minutes après, madame de Planche-Mibray descendait à son tour et entrait dans cette vaste salle où s'étaient assises tant de générations de Planche-Mibray.

Tous les gens du château étaient là, depuis les gardes-chasse jusqu'aux plus humbles filles de cuisine.

Rangés en cercle, tête nue, muets, ils avaient le pressentiment que ces adieux solennels que la baronne allait leur faire étaient des adieux éternels.

— Mes enfants, dit-elle, je vais vous quitter. Peut-être ne me reverrez-vous plus ; mais vous ne m'oublierez pas, car je ne vous ai point oubliés. Chacun de vous, dès à présent, est titulaire d'une petite rente qui le mettra a l'abri du besoin.

On répondit à ces paroles par des sanglots.

La baronne continua :

— Je suis jeune, et parmi vous il en est qui ont des cheveux blancs. Mais j'étais votre maîtresse et je représente ici le baron de Planche-Mibray, mon noble époux.

Vous êtes donc mes enfants...

Et, dominant son emotion, elle dit encore :

— Mes enfants, mettez-vous a genoux. Je veux, en me séparant de vous, vous donner ma bénédiction.

Ils s'agenouillèrent tous et les sanglots éclatèrent.

Alors elle étendit ses deux mains sur eux et dit d'une voix forte et accentuée :

— Mon Dieu ! bénissez les serviteurs de Planche-Mibray, comme je les bénis moi-même !...

Et certes, en ce moment, on se fût cru transporté en plein moyen âge, en un siècle de foi ardente et non de scepticisme railleur, en voyant cette femme jeune et belle étendant ses deux mains bénissantes sur toutes ces têtes, dont quelques-unes étaient blanches comme neige, et appelant sur elles les bénédictions du Seigneur qui récompense la fidélité et le dévouement.

. . . .

Une heure après, madame la baronne de Planche-Mibray roulait sur la route de Coulanges à Avallon.

Une heure plus tard, un domestique à cheval arrivait au château de Rochepinte, porteur de la lettre adressée à M. de Villenave.

C'était au moment où le marquis de B..., toujours léger, toujours excentrique, après avoir fait l'oraison funèbre de Corinne, dont on venait d'apprendre la mort, cherchait à consoler M. de Villenave en se consolant lui-même.

— Mon ami, lui disait-il, je ferai de splendides funérailles à notre commune amie et, comme je vous le disais, j'assumerai sur moi toute la responsabilité de ce scandale. Vous serez blanc comme neige aux yeux de votre belle tante et n'aurez rien à envier à la pureté de l'hermine.

Mais je crois que vous ne devez pas demeurer ici plus longtemps.

Dans quelques heures on aura installé ici le corps de la défunte sur un lit de parade, et il faut que vous soyez parti.

Vous avez, du reste, là une belle occasion de faire une *rentrée* à Planche-Mibray, comme on dit au théâtre.

Et tandis que le marquis donnait ce conseil à M. de Villenave, la lettre de la baronne arriva.

M. de Villenave en rompit le cachet avec une fiévreuse précipitation.

Dès les premières lignes son visage pâlit, puis s'empourpra.

Il venait d'éprouver une violente émotion.

— Qu'est-ce donc? demanda le marquis.

Villenave lui tendit la lettre.

Le marquis la lut d'un bout à l'autre.

Puis il dit froidement :

— Voilà qui ne peut être...

— Ah ! fit Villenave.

— Vous n'avez pas plus le droit d'accepter la fortune de madame de Planche-Mibray qu'elle n'a le droit d'entrer au couvent.

— Vous avez raison, dit Villenave. Je puis refuser sa fortune ; mais...

— Mais vous pouvez l'empêcher de rentrer au couvent.

— Comment cela ?

— Je ne sais pas... Mais puisque vous l'aimez...

— Oh ! fit Villenave, certainement.

— Quand un homme aime une femme et qu'il n'a plus d'autre rival qu'un mort, la partie est à moitié gagnée pour lui.

— Mais que faire ? murmura Villenave, qui sut avoir un véritable accent de désespoir.

Tout à coup le marquis se frappa le front :

— Attendez, dit-il, il me vient une idée.

— Ah !

— Une bien belle idée, je vous assure.

— Voyons.

— Vous êtes de ma taille, n'est-ce pas ?

— A peu près.

— Mon uniforme vous ira à ravir.

— Quel uniforme ?

— Ah ! dame ! fit le marquis, c'est encore une de mes excentricités, cela. Figurez-vous que, l'année dernière, j'ai voulu me faire zouave pontifical.

— Bah!

— J'ai demandé un brevet de lieutenant. J'ai fait faire un uniforme. Dame! les marquis de B... sont des catholiques ardents. Je voulais défendre le pouvoir temporel.

— Cependant vous n'êtes pas parti?

— Non, j'ai eu un grand chagrin à cette époque-là qui m'a fait perdre de vue cette affaire. Ma jument de courses, *Étincelle*, qui avait gagné à Epsom, s'est cassé la jambe a Vincennes.

— Fort bien, dit M. de Villenave; mais à quoi, je vous prie, peut me servir votre uniforme?

— Vous me le demandez?

— Oui.

— D'abord à prouver a madame de Planche-Mibray que vous voulez mourir sur un champ de bataille.

— Et puis?

— Et puis, si un officier français ne peut pas franchir les murs d'un couvent, un zouave pontifical en force aisément les portes.

— Vous croyez?

— Et il enlève sa bien-aimée comme un paladin du moyen âge.

— Mais encore faut-il savoir où est le couvent?

— Nous le trouverons, dit le marquis. Fiez-vous à moi ! vous verrez !

Et le marquis se mit à rire, ajoutant :

— Allons ! décidément, je m'amuse cette année beaucoup plus que l'année dernière.

VI

Madame de Planche-Mibray à madame Villemur.

Ma chère amie,

Qu'allez-vous dire en recevant une lettre de celle qui, il y a deux jours, vous disait un éternel adieu? Ma main tremble en vous écrivant, et mon cœur saute dans ma poitrine avec une violence inouïe.

De quel endroit ma lettre est-elle datée et pourquoi cette lettre?

Vous ne le saurez, vous ne le comprendrez que lorsque vous aurez lu jusqu'au bout.

Pour cela, il faut que vous écoutiez tout au long mon histoire depuis deux jours.

Je suis partie de Planche-Mibray avant-hier, à quatre houres du matin, après avoir fait mes adieux à mes domestiques, et n'emmenant avec moi que mon vieux valet de chambre Jean.

Jean pleurait au départ.

Où allions-nous?

Il ne le savait pas, mais il le devinait.

Cinq heures après, nous nous arrêtions à Avallon.

Je suis descendue dans une auberge et me suis enfermée dans une chambre, sans vouloir me montrer à personne.

Jean avait reçu l'ordre de laisser mes chevaux et mon cocher, et de prendre des chevaux et un postillon à l'auberge.

Je me suis remise en route vers trois heures de l'après-midi.

A cinq, j'arrivais en haut de cette côte d'où l'on aperçoit Chastellux, et dont je vous parlais dans ma lettre précédente.

Là, j'ai donné l'ordre d'arrêter et je suis descendue de voiture.

Un tronc d'arbre était au bord du chemin.

Je me suis assise dessus et mes regards ont interrogé les profondeurs et les lointains du paysage.

A ma droite, à près de deux lieues, se dressaient auprès d'un bois, à l'ombre d'une colline, les clochetons du couvent de la *Pierre-Qui-Vire*. Et plus loin, bien plus loin, noyé dans les premières brumes, se hisse un autre édifice dont la vue m'a fait tressaillir.

C'était là.

Encore deux heures de marche, et cette porte qui devait me séparer du monde s'ouvrirait et se refermerait sur moi.

Je suis restée là plus d'une heure, comme si je n'avais plus la force de me séparer de ce monde que j'allais quitter pour toujours.

Abîmée en ma rêverie, je contemplais ce paysage splendide sur lequel les rayons du soleil couchant versaient des gerbes de lumière.

Enfin, Jean, qui demeurait toujours à quelques pas de moi, dans une attitude pensive et douloureuse, Jean, qui ne savait pas encore où j'allais, mais que les plus funestes pressentiments assaillaient, Jean s'approcha de moi.

— Madame, me dit-il, est-ce que nous avons encore une longue route à faire?

Je tressaillis et, m'arrachant à ma rêverie, je le regardai :

— Pourquoi me demandes-tu cela? lui dis-je.

— Parce que, répondit-il en me montrant l'horizon, il y a un gros nuage là-bas.

En effet, dans la direction du couvent, alors qu'au-dessus de ma tête l'azur était étincelant, le ciel se plombait peu à peu, et les rayons du soleil, en ricochant sur les nuages mélangés de noir et de blanc, prenaient des tons livides.

— C'est un orage qui vient, dit-il.

— Nous arriverons avant, lui dis-je.

Et je remontai en voiture.

Jean ne s'était pas trompé ; moins d'une heure après, quelques larges gouttes de pluie commençaient à tomber, et le soleil disparaissait derrière les nuages.

Nous passions alors à une portée de fusil du couvent de la *Pierre-Qui-Vire*, et Jean, qui était assis sur le siége, fit arrêter la voiture à l'entrée de l'avenue qui y conduisait.

Je baissai la glace de la berline de voyage.

— Jean, lui dis-je, que fais-tu?

— Ce n'est donc pas là que nous allons? me demanda-t-il en tremblant.

— Non.

Il soupira et me dit encore :

— Mais, madame, il va pleuvoir à torrents.

— Eh bien, monte dans la voiture à côté de moi.

Il n'osait pas, le pauvre homme; mais une chose le décida, je le devinai à son regard, il espéra combattre encore ma résolution.

— Fouette! cria-t-il d'une voix sourde au postillon.

Et il entra dans la berline.

Puis, quand il fut assis, il me regarda et me dit avec des yeux pleins de larmes :

— J'ai pourtant eu un espoir ce matin, en arrivant à Avallon.

— Lequel ?

— J'ai pensé que madame la baronne allait à la *Pierre-Qui-Vire.*

— Ah !

— Faire un pèlerinage de huit jours pour le repos de l'âme de M. Manuel.

— Mon ami, répondis-je, le pèlerinage que je vais accomplir durera toute ma vie.

— Mais, où allons-nous, mon Dieu ! s'écria-t-il frissonnant.

— Nous allons au couvent des Ursulines.

Et, lui prenant la main :

— Il est temps, ajoutai-je, que je te dise la vérité. Je dis adieu au monde, j'entre en religion, et tu ferais de vains efforts pour ébranler ma religion.

Jean poussa un cri sourd.

— Religieuse ! murmura-t-il, religieuse !...

— Oui, mon ami.

— Je l'avais deviné...

Et il se mit à fondre en larmes.

— Que veux-tu que je fasse dans la vie, maintenant ? lui dis-je. Mon mari est mort. Manuel est mort... Je ne puis plus aimer que Dieu...

Il étouffa ses sanglots, il fit un violent effort sur lui-même, et tout a coup il me dit :

— Mais, madame, ne pouvez-vous donc rester à Planche-Mibray pour aimer et servir Dieu ? Et les pauvres qui sont vos enfants! Et tous ces infortunés qui, dans leurs heures d'affliction, lèvent les yeux vers les tourelles du château comme vers le ciel!...

Et cet homme aux cheveux blanchis, ce domestique simple et naïf, fut alors d'une éloquence que je ne lui aurais pas supposée et qui m'émut profondément.

Il me parla de tous les indigents de notre pays, de tout le bien qu'une femme dans ma position pouvait faire.

Il savait bien qu'en me parlant de bonheur, d'avenir, peut-être même d'un autre amour, je l'arrêterais sur-le-champ.

Aussi, de tout cela, pas un mot.

Mais il me fit entrevoir toutes les choses bonnes et saintes que je pouvais faire avec ma grande fortune.

Relever l'église, fonder un hospice pour les vieillards, créer des écoles supplémentaires, organiser une ferme modèle pour donner du travail à tous.

Je me sentais ébranlée; mais le souvenir de M. de Villenave traversa alors mon esprit.

Si je revenais en arrière, n'était-ce pas lui offrir ma main?

— Non, non, lui dis-je d'une voix impérieuse; non, je ne veux pas!

Il se tut et ses larmes recommencèrent à couler.

Pendant ce temps, l'orage s'était déchaîné avec une violence inouïe.

La pluie fouettait les glaces de la berline ; la nuit avait succédé au jour, et cette nuit était flamboyante d'éclairs.

Plusieurs fois les chevaux s'étaient cabrés épouvantés.

Le postillon s'arrêta pour demander où on allait ; car il n'apercevait au loin que la campagne déserte. Je baissai de nouveau la glace de devant et je lui criai :

— Nous allons au couvent !

Une heure après, la berline s'arrêtait sous les murs du cloître.

— Descends, dis-je alors à Jean, et décharge la malle unique que j'ai apportée avec moi.

Jean pleurait comme un enfant.

Il obéit. Je descendis après lui.

La pluie tombait toujours avec violence ; mais je la reçus avec bonheur.

Cet orage du ciel apaisait la tempête de mon cœur.

Jean allait soulever le marteau de la grand'-porte.

Je l'arrêtai.

— Non, lui dis-je, pas encore.

Il posa ma malle sur le seuil de cette porte.

— Maintenant, lui dis-je, baise ma main et va-t'en !

Il tomba à genoux, il me supplia une fois encore de renoncer à mon projet.

— Va-t'en ! répétai-je.

Et je le poussai jusqu'à la portière de la berline et l'y fis monter de force.

Il était devenu docile comme un enfant et n'avait plus conscience de ce qu'il faisait.

Je donnai ma bourse au postillon, qui ne comprenait rien à cette scène.

— Mon ami, lui dis-je, vous me répondez de ce pauvre homme. Prenez soin de lui et retournez à Avallon.

Alors je m'approchai de nouveau de la portière, et au lieu de lui donner ma main à baiser, je pris le vieillard dans mes bras et je l'y serrai comme s'il eût été mon père.

Puis, le repoussant vivement :

— Adieu ! dis-je, adieu !...

Et je refermai la portière en criant au postillon :

— Partez ! partez vite !

La berline tourna sur elle-même et repartit au grand trot des trois chevaux de poste.

Alors encore, au lieu de soulever le marteau de cette porte, je m'assis sur ma malle, suivant du regard les fanaux de ma voiture de voyage qui s'éloignait.

La pluie tombait toujours et me transperçait, mais je n'y songeais pas...

Les yeux fixés sur cette clarté qui allait s'affaiblissant, sur ces deux lanternes qui commençaient à s'effacer, comme deux étoiles pâlissent dans le brouillard du matin, il me semblait que c'était la dernière attache qui me retînt encore au monde qui allait se briser.

Enfin, cette clarté disparut.

Je me levai, et mes yeux s'arrêtèrent sur les murs du couvent.

Un moment encore j'hésitai; un moment encore ma main crispée demeura immobile sur le marteau.

Puis enfin je le soulevai, et il retomba sur le chêne ferré avec un bruit lugubre qui retentit au fond de mon cœur comme le premier coup de cloche d'un glas funèbre.

Une ou deux minutes s'écoulèrent.

Je m'étais de nouveau retournée vers la campagne, que des éclairs illuminaient de seconde en seconde.

Ainsi, sans doute, le condamné qui va mourir contemple à la fois la foule qui entoure son échafaud, pleine de vie et de rumeurs, et la terre qu'il va quitter.

Puis des pas retentirent, un verrou grinça et un guichet s'ouvrit dans cette porte à laquelle je venais de frapper.

J'avais écrit une longue lettre, la veille, à la supérieure, pour lui faire part de ma résolution et lui annoncer mon arrivée.

Aussi, c'était elle qui venait d'ouvrir le guichet.

— Qui êtes-vous et que demandez-vous? me dit-elle, m'adressant la question d'usage.

— Je suis une pauvre pécheresse qui veut entrer dans la maison de Dieu et y vivre en priant, répondis-je.

— Entrez alors! me dit-elle.

Elle referma le guichet, puis d'autres verrous grincèrent et la porte s'ouvrit.

Je me trouvai alors en présence de la supérieure, qui était accompagnée de deux sœurs.

C'était une femme de visage austère, mais qui conservait encore des traces de beauté.

Tandis que les deux sœurs tiraient de l'intérieur de cette malle, dans laquelle j'avais entassé quelques hardes et un peu de linge de corps que je supposais devoir me servir pour mon noviciat, la supérieure me prit par la main et me conduisit dans sa cellule.

Là, elle s'enferma avec moi et me dit :

— Mon enfant, la maison de Dieu est ouverte

à ceux qui souffrent. Mais il arrive parfois que le souvenir des douleurs passées s'efface et s'adoucit, et qu'alors on regrette le monde. Avez-vous bien réfléchi, vous, madame, jeune, belle, riche, entourée ?

— J'ai réfléchi, répondis-je.

— Eh bien, me dit-elle, soyez donc la bienvenue parmi nous. Je vais dès à présent vous soumettre à la règle dans toute son austérité.

Dans quinze jours il sera temps encore pour vous de vous faire ouvrir cette porte que je viens de fermer sur vous.

Alors seulement vous prononcerez des vœux temporaires.

Elle me donna des vêtements de sœur converse et me conduisit au réfectoire, où les nonnes prenaient leur repas du soir.

Cette grande salle froide et nue, ce christ placé au milieu, cette vaisselle grossière, ces légumes à peine cuits et assaisonnés d'un peu d'huile, tout cela produisit sur moi une étrange impression.

Le silence le plus profond régnait autour de moi.

Il est défendu de parler.

Après le repas, nous allâmes à la chapelle.

L'office du soir dura trois grandes heures.

Puis, l'heure du repos sonna, et je fus enfermée dans une cellule.

Eh bien ! vous l'avouerai-je, mon amie ?

Je passai une nuit horrible.

Les paroles de Jean me revenaient en mémoire, et une épouvante indicible s'était emparée de mon âme.

Ce sang bohémien que j'ai dans les veines bouillonnait avec violence ; le poids de ces murs sans écho m'étouffait.

Au matin, la cloche se fit entendre ; et comme les autres, je retournai à la chapelle.

Il fallut, pour cela, traverser le préau.

L'orage de la nuit s'était dissipé, et le ciel matinal, que j'apercevais au-dessus de ma tête comme si j'eusse été au fond d'un puits, m'apparut limpide et bleu.

La bohémienne se réveillait en moi, avide, affolée de grand air, de lumière et de liberté.

En vain prosternée sur les dalles de la chapelle, le front dans la poussière, frappant ma poitrine, essayais-je d'oublier ce monde que je venais de quitter..

Le monde frappait avec violence à la porte de mon cœur.

La supérieure me fit appeler après les matines et me dit :

— Vos yeux sont rouges, vous avez pleuré...

— Oui, lui dis-je, mais je resterai.

Une partie de la journée s'écoula. La mort

était dans mon âme et le souvenir du passé tourbillonnait dans mon esprit.

C'était en vain que je chassais toutes les images riantes de ma jeunesse et que je m'efforçais de songer à Dieu. Ma jeunesse élevait une voix impérieuse au fond de mon cœur.

Et tandis que j'étais à genoux dans ma cellule, un bruit me fit tressaillir.

C'était le bruit que j'avais entendu la veille lorsque j'avais laissé retomber le marteau sur la porte extérieure.

Ce bruit funèbre et rempli d'une mystérieuse épouvante, la veille, retentit maintenant dans tout mon être comme un cri d'espérance.

Qui donc venait du monde dans cet asile de la mort?

Et mon cœur battit avec violence, comme si ce coup de marteau m'eût annoncé un visiteur pour moi, et peu après, ô miracle! la sœur tourière entra dans ma cellule.

— Ma sœur, me dit-elle, on vous demande au parloir; la supérieure permet que vous y alliez, puisque vous n'avez encore prononcé aucun vœu.

Un frisson parcourut tout mon corps, une défaillance suprême s'empara de moi.

— Appuyez-vous sur mon bras. me dit la sœur tourière, qui vit que je ne pouvais pas marcher.

Mais, hors de ma cellule, les forces me revinrent.

Qui donc osait violer mon dernier asile?

Je ne le savais pas, je ne le devinais pas; mais celui-là, quel qu'il fût, homme ou femme, était pardonné d'avance, puisqu'il m'apportait un bruit, une parole du dehors.

Arrivée au parloir, je jetai un cri, et la sœur tourière fut obligée de nouveau de me soutenir.

Un homme m'apparaissait derrière le grillage en bois.

Cet homme, pâle, triste, et que je vis trembler quand il m'aperçut, c'était M. de Villenave.

Mais M. de Villenave transformé ou plutôt revêtu d'un habit inusité.

Il portait un uniforme gris, rouge et noir, l'uniforme de la légion pontificale.

— Ma tante, me dit-il d'une voix émue, vous n'êtes entrée au couvent que parce que vous m'aviez promis votre fortune, et que, pour éluder cette promesse, il vous eût fallu m'accorder votre main.

Si vous avez cherché l'oubli derrière les murs de ce cloître, moi je vais aller chercher le repos sur un champ de bataille, et je le trouverai!...

Il parlait d'une voix émue presque brisée...

— Alors, mon amie, j'ai compris que cet homme

m'aimait réellement, et je me suis accusée de l'avoir mal jugé.

Je ne sais pas ce que j'ai balbutié, mais il m'a dit encore :

— Vous êtes riche, vous êtes jeune, vous pouvez faire beaucoup de bien. Pourquoi vous enterrer vivante dans ce cloître ?

Pourquoi ne pas planer au grand jour, et, réfugiée dans votre noble douleur comme à l'ombre d'une égide, pourquoi ne pas vivre au milieu du monde ?

Est-ce a cause de moi ?

Vous m'avez mal jugé, madame. Vous avez cru que je convoitais l'héritage de mon oncle, alors qu'un amour insensé s'était emparé de mon cœur. Cet amour trouvera un refuge dans la mort ne me plaignez pas...

Je ne sais pas ce qu'il m'a dit encore, mon amie; je ne sais pas ce qui s'est passé.

Mais les portes se sont ouvertes devant moi, et le cloître s'est évanoui comme un rêve affreux au réveil.

Je vous écris d'Avallon.

Demain, je retourne à Planche-Mibray.

M. de Villenave veut partir pour Rome, et c'est moi maintenant qui le retiens. .

Je ne puis pas l'aimer. Manuel mort est toujours vivant dans mon cœur

Mais je ne veux pas qu'il meure, cet homme qui m'a arrachée au tombeau.

Il consent à revenir pour quelques jours à Planche-Mibray.

Que se passera-t-il ? Je ne sais.

Peut-être consentira-t-il à chercher une femme et me permettre de partager avec lui cette fortune qui, ce matin encore, lui appartenait tout entière.

Peut-être vivrons-nous l'un près de l'autre comme un frère et une sœur !...

Oh ! ce cloître !...

Je ne suis pas bien sûre que mes cheveux n'y aient blanchi.

Si vous me trouvez coupable, mon amie, pardonnez-moi...

Si je ne vous semble que folle, plaignez-moi...

MARTHE DE PLANCHE-MIBRAY.

VII

Il y avait trois jours que madame de Planche-Mibray avait écrit la lettre qu'on vient de lire ; par conséquent, elle était rentrée à Planche-Mibray.

Son retour avait été salué comme un triomphe inespéré, et tous les serviteurs du château a qui Jean avait dit en revenant : « Notre bonne maîtresse est perdue », avaient senti leur antipathie pour M. de Villenave s'évanouir.

N'était-ce pas lui qui la ramenait ?

M. de Villenave, du reste, s'était installé à Planche-Mibray comme le plus discret des hôtes.

Jadis, quand il était tout jeune, il occupait au château, pendant les vacances, un petit appartement situé au deuxième étage, dans une tourelle.

Il avait voulu reprendre possession de ce logis.

Dès le lendemain de son arrivée, il était parti pour la chasse de grand matin.

Madame de Planche-Mibray ne l'avait revu que le soir, à l'heure du dîner.

C'était, comme on a pu le voir, un habile comédien que M. de Villenave.

Il avait su se faire le visage désespéré de l'homme qui attend la mort comme une délivrance, et qui cependant n'ose, par esprit religieux, hâter sa venue.

— Ma tante, avait-il dit à madame de Planche-Mibray, je lutterai, je combattrai. Tant que j'aurai la force de rester ici, j'y resterai. Mais vous ne me retiendrez point, n'est-ce pas, si je viens vous dire que le sacrifice est au-dessus de mes forces ?

Ce langage touchait la baronne au plus haut degré.

Depuis qu'il l'avait arrachée a son couvent, M. de Villenavave n'était plus le même homme a ses yeux.

Elle était persuadée qu'il l'aimait sincèrement et qu'il était incapable de tout honteux calcul.

Pendant les trois jours qui venaient de s'écouler, la baronne avait essayé de se reprendre à la vie. Mais le vieux valet de chambre ne lui avait-il pas tracé un programme ?

— Oui, s'était-elle dit, je ferai du bien, je restaurerai l'église, je ferai bâtir un hospice, je fonderai des écoles.

Puisque le bonheur n'est pas fait pour moi, je

me réfugierai dans le devoir, et j'aurai la force de vivre.

Les gens de Coulanges, qui avaient appris avec désespoir le départ de la châtelaine, saluèrent son retour avec une joie frénétique.

Pendant ces trois jours, le château n'avait pas désempli de visiteurs.

Tous les pauvres étaient venus, et Jean, un sac de gros sous et de pièces blanches à la main, donnait sans cesse et toujours en pleurant de joie.

M. de Villenave rentrait le soir, triste et résigné, parlait peu et se retirait de bonne heure.

Il était peu aimé jadis; mais la réaction qui s'était faite en sa faveur parmi les serviteurs du château s'opérait également chez les habitants du pays.

Il en était même qui soupiraient et commençaient a dire tout bas que c'était bien malheureux que madame la baronne ne pût se consoler de la mort de M. de Maugeville, car, sans cela, elle épouserait M. de Villenave, qui, après tout, était le neveu de M. de Planche-Mibray.

Tous ces désirs, tous ces vœux discrètement formulés arrivaient peu à peu aux oreilles de la baronne.

Et puis, la situation qui lui était faite n'était-elle pas étrange?

Pourquoi M. de Villenave demeurerait-il au

château, s'il continuait à n'être que son neveu?

D'un autre côté, pouvait-elle le laisser partir? Mieux que personne la baronne connaissait la position de fortune de son neveu.

M. de Villenave avait presque tout mangé. S'il lui restait une dizaine de mille livres de rente, c'était beaucoup.

Mais un homme bien né accepte tout de la femme à qui il donne son nom et ne saurait acccepter rien de toute autre.

M. de Villenave était pris; il refuserait la moitié de la fortune de la baronne, comme il avait refusé cette fortune tout entière.

Tout cela semblait enfermer madame de Planche-Mibray dans un cercle fatal et infranchissable.

Que ferait-elle? que pouvait-elle faire?

Elle se posait cette question presque insoluble, le matin du quatrième jour, en se promenant dans le parc du château, un peu après le lever du soleil.

Le temps était magnifique; l'air frais et tout imprégné des odeurs aromatiques qui se détachent des grands bois.

La plaine qui se déroulait en bas du coteau était verte. Les vaches paissaient au bord du canal. La chanson des laboureurs et le chant de l'alouette montaient joyeux à l'unisson vers le ciel.

Il y avait dans cette nature calme et forte un apaisement infini.

La baronne s'assit sur un banc, auprès d'un saut de loup, en un endroit où les arbres taillés avec soin laissaient voir un horizon de plusieurs lieues borné par les premières collines du Nivernais.

— Mon Dieu! murmurait-elle, conseillez-moi, inspirez-moi!...

Un bruit de pas la fit tressaillir.

Elle se retourna et vit M. de Villenave.

Il s'avançait lentement vers elle, pâle, mais résolu, à en juger par le feu sombre qui brillait dans son regard.

— Ma tante, dit-il en baisant respectueusement la main que lui tendit la baronne, j'ai voulu avoir avec vous un entretien de quelques minutes, et c'est pour cela que je viens ici, où mes paroles ne seront entendues de personne.

— Parlez, dit madame de Planche-Mibray.

— Ma tante, reprit M. de Villenave, un abîme nous sépare et nous séparera éternellement. Vous avez un mort dans le cœur, et ce mort était mon ami. Ma présence ici est une injure à sa mémoire, un cruel souci pour vous, un désespoir sans fin pour moi.

Il y a huit jours, j'ai signé un engagement dans les troupes pontificales.

Il y a huit jours, je voulais me faire tuer.

Aujourd'hui, plus calme, plus résigné, me courbant docile sous la main céleste, je viens vous dire :

Un chrétien ne doit mourir que lorsque cela plaît à Dieu.

Je vous jure donc que je ne chercherai pas la mort; mais je viens vous supplier de me laisser partir.

Madame de Planche-Mibray ne répondit pas.

— Écoutez, reprit M de Villenave, je me suis donné deux années.

Pendant ces deux années, je ferai bravement et simplement mon métier de soldat.

Si la mort ne veut pas de moi, je m'inclinerai devant la Providence, et ce sera pour moi une preuve que je dois obéir aux lois qui régissent les gens de race.

Je reviendrai ici, et je vous dirai :

« Ma tante, je vais chercher une jeune fille qui consente à m'épouser, et je me conduirai avec elle en galant homme, vous priant d'adopter mon premier enfant, afin que le nom de Planche-Mibray ne s'éteigne point. »

Puis, ayant ainsi parlé, M. de Villenave attendit.

La baronne avait les yeux baissés ; son sein se soulevait oppressé, et une sorte de tremblement nerveux parcourait tout son corps.

Enfin elle leva la tête, regarda M. de Villenave et lui dit :

— Monsieur, vous m'aimez, je ne puis plus m'y tromper, et Dieu m'est témoin que je voudrais pouvoir répondre à votre amour.

Villenave eut un geste de dénégation.

— Mon cœur est mort, poursuivit la baronne; mais le sentiment du devoir est en moi, et je sens bien que mon devoir est de devenir votre femme. Je ne vous aimerai pas d'amour, monsieur. Mon amour est au ciel; mais je serai une honnête femme qui vous sera dévouée et s'efforcera d'être votre amie.

M. de Villenave devint tout pâle, jeta un cri et tomba à genoux.

— Relevez-vous, monsieur, dit la baronne d'une voix ferme, et fixez maintenant vous-même l'époque où je dois m'appeler madame de Villenave.

Le complice et le meurtrier de Corinne fut comédien jusqu'au bout.

— Ma tante, dit-il, vous vous laissez entraîner par votre noble cœur, et vous vous croyez enchaînée par la reconnaissance.

— Non, par le devoir...

— Ma tante, laissez-moi partir... dans deux ans... si je reviens...

— Non, dit la baronne, ces choses-là doivent

se faire tout de suite ou jamais. Je suis résolue maintenant, et je serai votre femme quand vous voudrez.

— Il y a un mois à peine que Maugeville est mort, dit M. de Villenave. Portons au moins son deuil.

La baronne secoua la tête.

— Je n'ai pas le droit de porter le deuil de M. de Maugeville, dit-elle.

M. de Maugeville n'était pas mon parent, et il n'était pas encore mon mari.

Et comme M. de Villenave courbait la tête et semblait protester silencieusement, elle ajouta :

— Maintenant que vous avez ma parole, monsieur de Villenave, vous pouvez partir.

Il tressaillit.

— Non point partir pour Rome, reprit-elle, mais quitter le château jusqu'au jour de notre mariage. Le toit de Planche-Mibray pouvait abriter mon neveu ; il n'est plus convenable que celui qui doit être mon mari y vive maintenant.

Retournez à Paris, ou, mieux, allez de nouveau demander l'hospitalité à votre ami le marquis de B...

M. de Villenave fit un haut-le-corps.

Un pâle sourire vint aux lèvres de la baronne.

— Oui, dit-elle, je sais qu'en ce moment M. de B... est un peu au ban de l'opinion et qu'il vient de donner le spectacle d'un vrai scandale. Mais je suis Parisienne, vous le savez, et par suite plus indulgente qu'on ne l'est en province.

Allez donc, monsieur, puis écrivez-moi demain. Je dois être votre femme, et Dieu commande à la femme d'obéir.

L'époque que vous fixerez pour notre union est acceptée d'avance.

Il voulut répondre.

Elle l'arrêta d'un geste :

— Allez, dit-elle ensuite; laissez-moi encore aujourd'hui pleurer Manuel. C'est la dernière fois que je prononcerai son nom devant vous.

. . . .

Cinq heures après, M. de Villenave arrivait à franc étrier au château de Rochepinte.

Le marquis de B..., tout de noir vêtu et portant consciencieusement le deuil de Corinne, était à table et déjeunait quand M. de Villenave entra.

Le château avait un aspect funéraire du meilleur effet.

C'était la veille qu'on avait enterré Corinne avec une pompe inusitée, dans le cimetière du petit village d'Entrain, duquel dépendait, comme paroisse, le château de Rochepinte.

Beaucoup de jeunes gens étaient venus de Paris, et tout ce monde-là était reparti fort gaiemont, laissant le marquis en proie à une douleur des plus comiques.

Les salles, l'escalier, le vestibule étaient encore tendus de draps noirs semés de lames d'argent.

C'était du plus bel effet.

Le marquis avait même dit :

— Si Corinne, qui était si avare, revenait en ce monde, elle me proposerait de la faire inhumer sans cérémonie et de lui donner les cinquante mille francs que vont me coûter ses funérailles et son mausolée.

Lorsqu'il vit entrer M. de Villenave, il fronça un peu le sourcil.

— Est-ce que nous serions battus? dit-il.

Mais le visage radieux de M. de Villenave le rassura sur-le-champ.

— Victoire! dit celui-ci.

— La baronne a quitté son couvent?

— Oui.

— Elle est revenue a Planche-Mibray?

— Depuis trois jours.

— Alors votre affaire n'est plus qu'une question de temps, dit le marquis. Mes compliments, mon très-cher.

— La question de temps dépend de moi.

— Comment cela?

— La baronne consent à m'épouser.

— Bravo !

— Et elle me laisse libre de fixer l'époque.

Le marquis se mit à rire.

— Mon cher ami, dit-il, je suis ravi. D'ailleur j'avais le pressentiment que mon uniforme de zouave pontifical ferait merveille.

— Il m'a ouvert les portes du couvent.

— Voyons, contez-moi donc tout ça. Mais d'abord déjeunez...

Et le marquis frappa sur un timbre et dit :

— Mettez donc le couvert de M. de Villenave.

Le futur époux de madame de Planche-Mibray se mit à table, et il raconta dans tous ses détails son expédition au couvent et de quelle manière il avait réussi à en faire sortir la baronne.

— Superbe! exclama le marquis.

Puis, prenant un air mystérieux :

— Voyons, mon ami, dit-il, faites-moi maintenant une confidence.

— Laquelle? demanda Villenave surpris.

— Vous êtes venu ici avec Corinne?

— Sans doute.

— Et elle a joué votre jeu?

M. de Villenave tressaillit.

— Après? fit-il.

— Cette pauvre Corinne, poursuivit le marquis, nous la connaissions aussi bien l'un que l'autre, n'est-ce pas?

— Dame !

— Elle n'était pas femme à se déranger pour rien.

— Certes, non.

— Et à se mêler, pour l'amour de l'art, des affaires d'autrui.

— Où voulez-vous en venir? demanda M. de Villenave, qui ne put dissimuler une vague inquiétude.

— A ceci, que très-certainement vous avez dû lui promettre un joli pot-de-vin à prendre sur la dot de madame de Planche-Mibray.

— Je ne dis pas non, fit Villenave en souriant.

— Mais, reprit le marquis, Corinne n'était pas femme à se contenter d'une promesse. Elle a toujours fait fi de la parole d'un gentilhomme comme de celle d'un manant; elle a dû vous faire signer quelque chose, là, soyez franc...

— Une lettre de change, répondit M. de Villenave qui se sentait un peu mal à l'aise.

— Eh bien! dit le marquis, vous avez de la chance.

— Plaît-il?

— Je vous répète que vous avez de la chance.

— Comment cela?

— Il paraît que Corinne n'est pas morte victime du hasard et de l'ivrognerie de mon pauvre John, mais que des bandits, les Balthasar...

M. de Villenave ne broncha pas.

— Oui, dit-il, on a dit cela, mais est-ce bien vrai?

— Si vrai qu'ils ont été arrêtés.

— Où cela?

— Près de Nevers.

— Quand?

— Ce matin même. Tenez, voyez la dépêche que je viens de recevoir.

Et le marquis mit sous les yeux de M. de Villenave un télégramme ainsi conçu :

« Nevers, 10 h. du matin.

« Famille Balthasar arrêtée. Michel tué par ses frères, trouvés nantis des diamants. Résistance désespérée... Tué deux gendarmes... Avoué qu'ils avaient brûlé l'écrin et les papiers contenus dans un double fond. Diamants cachés dans leurs vêtements. Dirigés ce soir, par gendarmerie, sur Auxerre.

« X...,
« Commissaire de police. »

M. de Villenave eut besoin de toute sa force d'âme pour ne pas pousser un soupir de satisfaction et de soulagement.

Michel était mort!

C'est-à-dire que le seul homme qu'il eût encore à redouter et dont le témoignage pouvait faire crouler le lent et laborieux édifice qu'il avait construit, était désormais réduit à l'éternel silence de la tombe.

Ensuite l'écrin était brûlé; par conséquent les papiers qu'il contenait, et, parmi ces papiers, les deux lettres de change qu'il avait souscrites à Corinne.

— Hein! dit le marquis, croyez-vous que vous l'avez échappée belle?

— Comment cela?

— Suivez mon raisonnement.

— J'écoute.

— Vous avez souscrit une lettre de change a Corinne?

— Bon!

— Cette lettre était dans l'écrin.

— C'est probable.

— Elle est détruite. Rien à payer, par consequent.

— C'est juste.

— Mais supposons le contraire, on retrouve l'écrin, la lettre de change; tout cela est classé parmi les pièces à conviction du procès criminel...

— Eh bien?

— Vous voilà forcé de comparaître devant la justice, d'expliquer comment vous deviez de l'argent a cette pauvre Corinne.

— C'est vrai.

— Madame de Planche-Mibray en prend ombrage et votre mariage tombe dans l'eau.

— Vous avez raison, dit Villenave, et, comme vous dites, je suis un homme heureux.

Sur ces mots, il eut un mauvais sourire et changea de conversation.

— Mais, dit encore le marquis, comme ils se levaient de table, vous voilà redevenu mon hôte.

— Jusqu'au jour de mon mariage.

— Et ce mariage, vous aurez soin de ne pas trop le reculer, hein ?

— Certes non, répondit M. de Villenave.

Et le misérable pensait :

— Corinne est morte, Munito, Maugeville et Michel sont morts. Qui donc, maintenant, m'empêcherait d'épouser madame de Planche-Mibray ?

VIII

C'était donc le lendemain du jour où M. de Villenave avait quitté Planche-Mibray pour aller à Rochepinte que Pauline était arrivée à Auxerre d'où nous l'avons vue partir en compagnie de la Bréhaigne.

On se souvient que Jaquet les avait laissées toutes deux sur la route pour aller chercher la tapissière du père Bourguignon; que, pendant ce temps-là, l'ermite était venu, et on se rappelle ce qui s'était passé entre la jeune femme et lui.

Lorsque Jaquet revint avec la tapissière, il ne vit plus ni la Bréhaigne ni la voyageuse.

Il les appela. Sa voix se perdit dans les bois.

Il attendit plus d'une heure et ne les vit point revenir.

La caisse de voyage de Pauline était restée dans le char-à-bancs.

Bien que Jaquet ne fût pas précisément un aigle d'intelligence, il comprit ou crut comprendre que la jeune femme, se trouvant sur une route déserte à l'entrée de la nuit et au milieu des bois, avait eu peur et que, guidée par la Bréhaigne, elle avait continué sa route à pied vers Coulanges, qui, du reste, n'était qu'à une lieue.

Jaquet mit donc la malle dans la tapissière et se dit en fouettant son cheval :

— Je les rattraperai bien.

Jaquet se trompait. Il aperçut les premières maisons de Coulanges avant d'avoir rencontré personne, si ce n'est deux voituriers qui lui affirmèrent n'avoir vu ni une belle dame étrangère, ni la Bréhaigne que tout le monde connaissait.

Jaquet s'en alla tout droit à l'hôtel du *Chariot d'or*.

C'est l'auberge en renom de Coulanges.

A moins que Pauline ne fût allée au château, elle devait être là.

Mais l'hôtelier répondit n'avoir vu personne.

— Ma foi! se dit Jaquet, mon cheval n'en peut plus. Et puis il faut que je m'occupe du char-à-bancs que j'ai laissé sur la route.

Il déchargea donc la caisse de Pauline, fit mettre son cheval à l'écurie et s'en alla chez le forgeron de la grand'rue, lequel savait graisser les patentes.

Le forgeron consentit à prendre ses outils, à mettre son cheval à la tapissière qu'on ramènerait ainsi à la guinguette du *Rendez-vous des hus-*

sards, après que le char-à-bancs aurait été mis en état de rouler.

Deux heures plus tard, Jaquet était de retour
On n'avait pas vu Pauline.

L'aubergiste lui dit :

— Cette dame sera sans doute allée au château tout droit et demain elle enverra chercher sa caisse.

— C'est bien possible, dit Jaquet.

Le cocher du *Léopard* soupa de bon appétit et alla se coucher, recommandant au garçon d'écurie de donner l'avoine à son cheval dès trois heures du matin. Il n'y avait pas de voyageurs a l'auberge.

L'hôtelier posa les volets à sa devanture, commanda aux servantes de couvrir le feu, soupira quelque peu en songeant à sa femme qui était morte six mois auparavant, et il allait monter dans sa chambre lorsque l'on frappa à la porte charretière de l'auberge.

Il ouvrit une fenêtre et demanda à qui il avait affaire.

— Ouvrez, père Rousseau, dit la voix de la Bréhaigne.

La nuit était à demi lumineuse.

L'aubergiste s'étant penché au dehors vit deux femmes au lieu d'une.

— Bon ! se dit-il, voici la petite dame à Jaquet

Et il s'empressa d'aller ouvrir.

C'etait en effet Pauline accompagnée de la Bréhaigne.

Les broussailles avaient mis le bas de sa robe en lambeaux et ses petites chaussures s'étaient déchirées après les ronces.

Pauline paraissait bien lasse ; mais son visage rayonnait de joie.

L'aubergiste la salua jusqu'à terre et appela ses servantes.

La Bréhaigne, qui était entrée, lui dit :

— Voilà une dame qui est bien lasse et qui meurt de faim. Faut lui donner à souper, père Rousseau.

Ce fut l'affaire d'un quart d'heure.

On ralluma le feu, on mit le couvert et Pauline invita la Bréhaigne à partager son repas.

D'où venaient-elles ?

Ni elle ni la Bréhaigne ne le dirent.

L'aubergiste, qui était curieux, fit bien quelques allusions à l'inquiétude de Jaquet ; mais la Bréhaigne répondit sèchement :

— Nous nous sommes arrêtées en chemin, madame et moi.

Puis elle se mit à causer tout bas avec Pauline, et leur conversation à mots couverts n'apprit rien au curieux père Rousseau, qui prit le parti de s'asseoir au coin du feu de la cuisine, laissant les deux femmes dans la salle à manger de l'auberge.

La Bréhaigne disait :

— Vous voyez bien qu'il est hors de danger; il vous a reconnue.

— Oui, mais il est si faible encore...

— Ce n'est plus pour lui que je crains.

— Pour qui donc?

— Pour cette pauvre madame du château. Elle n'est pas morte de douleur, mais l'émotion pourrait bien la tuer.

Pauline eut un sourire mélancolique :

— Je la préparerai doucement à cette nouvelle, dit-elle.

Sans doute que pendant cette mystérieuse excursion faite en compagnie de l'ermite, Pauline avait dit à la Bréhaigne la vérité tout entière, car celle-ci lui dit :

— On voit bien que vous ne connaissez pas madame la baronne. C'est une femme qu'on approche comme on veut, bonne et pas fière du tout.

— C'est égal, dit Pauline, vous lui porterez mon billet dès demain matin.

L'aubergiste entra apportant un nouveau plat sur la table.

— Est-ce que vous couchez ici, la mère? dit-il, s'adressant à la Bréhaigne.

— Non, répondit la bonne femme, vous savez bien que j'ai un neveu à Coulanges.

— Oui, Mathieu le flotteur.

— Justement.

— Vous voulez aller coucher chez lui?

— Pardieu! Il a toujours une bonne paillasse de feuilles de hêtre à mon service.

— Pourquoi ne restez-vous pas ici? dit Pauline.

— Non, dit-elle. Je n'aime pas coucher dans les auberges; je suis une pauvre mendiante, moi. Et puis mon neveu se fâcherait si je n'allais pas le voir.

Pauline ouvrit sa caisse et y prit un petit buvard en cuir de Russie qui contenait tout ce qu'il fallait pour écrire.

Puis elle traça le billet suivant :

« Madame la baronne,

« Je n'ai pas l'honneur d'être connue de vous, et peut-être même que mon nom n'éveillera en vous aucun souvenir.

« Cependant, je serais heureuse d'être reçue par vous, ne fût-ce que quelques minutes.

« Je viens de Paris exprès, car j'ai des choses d'une certaine importance à vous communiquer.

« Ne repoussez pas ma prière. C'est au nom de

M. de Maugeville, que vous pleurez, que je vous le demande à genoux.

« PAULINE RÉGIS. »

Évidemment, quelque close que pût être la porte de madame de Planche-Mibray, ce nom de Maugeville l'ouvrirait à deux battants.

Elle ferma son billet et le remit à la Bréhaigne.

Celle-ci lui dit :

— Demain, au soleil levant, je monterai au château. Bonsoir, madame, bonne nuit.

L'hôtel du *Chariot d'or* est bien tenu.

C'est une auberge de village, mais bien proprette, et dans laquelle on rencontre un certain confortable qui sent la ville.

Quand la Bréhaigue fut partie, Pauline se fit conduire par une des servantes dans la chambre qu'on lui avait préparée.

L'ameublement était en noyer, les rideaux des croisées en calicot blanc, le lit était garni de ces gros draps de toile bien blancs qui sentent si délicieusement la buée.

Cette chambre fit à Pauline l'effet d'un palais.

C'est que Pauline avait, depuis quelques heures, le paradis dans le cœur.

Maugeville n'était pas mort !

Cependant elle ne se mit point au lit tout de suite.

Toute émotion joyeuse a sa réaction de mélancolie.

Pauline avait-elle le droit de se réjouir maintenant qu'elle le savait vivant.

N'était-il pas toujours mort pour elle?

Elle ouvrit une des fenêtres, s'y accouda et exposa son front à l'air frais de la nuit, songeant à cet homme qu'elle aimait et qui ignorerait toujours son amour, à cette femme dont elle allait changer le désespoir en ivresse, et qui ne savait pas qu'elle souffrirait de sa joie, elle Pauline.

Et Pauline soupirait, et quelques larmes voilaient son regard, lorsque, dans cette cour silencieuse sur laquelle donnaient ses fenêtres, un bruit de pas se fit, et la lueur d'une lanterne brilla.

Pauline vit alors l'aubergiste qui traversait la cour suivi d'une femme.

— Je n'ai jamais refusé un morceau de pain et un peu de paille aux pauvres gens, disait le père Rousseau.

Venez par ici, ma brave femme. Vous allez coucher dans le fenil, où il y a de la luzerne toute fraîche. Vous serez là comme sur du velours.

Pauline ne voyait qu'imparfaitement ces deux

personnages, car le vent faisait osciller la flamme de la lanterne.

L'aubergiste s'arrêta devant une échelle qui se trouvait placée juste en face des fenêtres de Pauline.

Cette échelle, à degrés plats, de celles qu'on appelle échelles de meunier, conduisait au grenier à foin qui se trouvait au-dessus des écuries.

Là l'aubergiste s'effaça :

— Montez, dit-il, la porte est ouverte.

Alors la clarté de la lanterne tomba d'aplomb sur le visage de cette femme.

Pauline tressaillit des pieds à la tête.

C'était la mendiante qu'elle avait dépassée le matin même, sur la route de Moniteaux à Auxerre.

La mendiante au teint bistré, aux cheveux noirs, aux yeux brillants.

Et Pauline eut le frisson.

N'était-ce pas Dolorès, la sœur du bohémien Munito ?

La mendiante monta dans le grenier, dont elle referma la porte sur elle, et l'aubergiste s'en alla.

Ni cette femme ni lui n'avaient aperçu Pauline à sa fenêtre.

Pauline était là pourtant, le cœur palpitant, la sueur au front, se souvenant du récit de sa femme de chambre et des affreux serments de vengeance de la bohémienne Dolorès.

Cependant, en dépit de cette ressemblance, il était si extraordinaire que cette femme et Dolorès ne fissent qu'une : que la courtisane riche qui était partie de Paris par un train express se fût ainsi métamorphosée en route, que le doute revînt au cœur de Pauline.

Et puis, riches ou pauvres, tous les bohémiens ne se ressemblent-ils pas?

D'ailleurs, à Paris, Pauline avait à peine entrevu Dolorès, et elle ne l'eût certainement pas reconnue si elle l'avait rencontrée sur les boulevards ou dans une rue quelconque.

— N'importe! se dit-elle, dès demain matin j'avertirai madame de Planche-Mibray. Il faut qu'elle se tienne sur ses gardes.

Un moment même la jeune femme avait pensé à sortir de sa chambre, à appeler l'aubergiste et à se faire conduire par lui, en pleine nuit, au château de Planche-Mibray.

Mais elle eut bientôt renoncé à ce projet.

Et puis, si énergique, si vaillante que soit l'âme, elle finit toujours par succomber aux lassitudes du corps.

Pauline n'avait pas dormi la nuit précédente.

Elle avait fait cinquante lieues en chemin de fer et quinze ou vingt en voiture; de plus elle avait cheminé pendant plusieurs heures à travers les bois.

Elle mourait de fatigue, en dépit de la joie qu'elle avait ressentie en trouvant M. de Maugeville vivant.

Enfin, — et ce fut le dernier argument qui la décida à se mettre au lit, — enfin, en admettant que la bohémienne Dolorès et la mendiante ne fissent qu'une seule et même femme, il n'y avait pas encore péril en la demeure.

Dolorès n'avait pas pris ses habits de mendiante pour entrer en plein jour au château.

Certainement elle rôderait alentour pendant un jour ou deux, prenant ses précautions et ses plans. Pauline aurait donc toujours le temps de prévenir madame Planche-Mibray et ses gens.

Elle se mit au lit.

Pendant quelques instants elle lutta contre le sommeil, dominée qu'elle était par l'inquiétude. Mais le sommeil l'emporta. Pauline s'endormit.

. . . .

Depuis longtemps le soleil montait à l'horizon, et la chaleur commençait à se faire sentir.

Cependant Pauline dormait encore.

On frappa deux fois à sa porte sans qu'elle répondît.

Ce ne fut qu'au troisième coup qu'elle s'éveilla, et, tout ensommeillée encore, alla ouvrir.

L'une des servantes de l'auberge lui apportait une lettre.

Cette lettre, apportée par un domestique du château, était scellée aux armes de la baronne.

Pauline l'ouvrit, toute tremblante.

« Qui que vous soyez, madame, disait la baronne, venez. Le nom que vous invoquez vous ouvre ma porte et mon cœur. »

Pauline s'habilla à la hâte et descendit.

En traversant la cour ses souvenirs confus lui revinrent.

Elle se rappela la mendiante.

Et, s'adressant à l'aubergiste qu'elle trouva dans la cuisine, elle lui dit :

— Est-ce que vous n'avez pas donné l'hospitalité à une bohémienne, cette nuit?

— Excusez-moi, madame, répondit-il. Elle avait une mauvaise figure et elle marquait mal, comme disent les gendarmes.

Mais qu'est-ce que vous voulez, la figure ne dit pas toujours la vraie vérité.

Et puis il était près de minuit quand elle est venue frapper à la porte.

Ce n'est pas une heure où on renvoie le monde.

— Je le sais bien, dit Pauline, que vous ne l'avez pas renvoyée. J'étais encore à ma fenêtre quand elle a traversé la cour.

— Elle est partie ce matin, dit le père Rousseau. En outre, elle n'a rien volé.

— Elle est partie de bonne heure? demanda Pauline.

— Oh! oui; il était à peine jour.

— Et par où est-elle allée?

— Ma foi! je ne sais pas, dit l'aubergiste, mais elle serait allée demander l'aumône au château que ça ne m'étonnerait pas.

Pauline eut un battement de cœur.

Elle regarda l'horloge à caisse de noyer qui se trouvait dans la cuisine de l'auberge.

Cette horloge marquait onze heures.

Il y en avait au moins six que la mendiante était partie.

L'inquiétude reprit Pauline.

Elle se fit indiquer en hâte le chemin qui menait à Planche-Mibray, et elle sortit précipitamment de l'auberge.

A mesure qu'elle gravissait le petit sentier qui gagnait au plus court en montant à travers les vignes, son inquiétude augmentait.

Il lui semblait qu'elle allait apprendre quelque horrible drame.

Enfin, elle arriva à la grille du parc.

Là, elle trouva un jardinier qui étendait du sable dans une allée.

— C'est bien ici le château de Planche-Mibray? dit-elle à cet homme qui la salua respectueusement.

— Oui, madame.

— Madame la baronne y est-elle?

Au lieu de répondre à cette question, le jardinier en fit une autre :

— C'est peut-être madame qui est descendue au *Chariot d'or?*

— Oui, mon ami.

— Et pour qui j'ai porté une lettre ce matin?

— C'est moi, dit Pauline.

— Alors, dit le jardinier, je prierai madame de me suivre. Madame la baronne attend madame.

Pauline respira.

Il n'était donc rien arrivé!

Elle suivit le jardinier, qui la conduisit à travers les allées du parc, jusqu'à un petit kiosque dans lequel jadis la baronne avait passé bien des heures calmes et douces, occupée à lire ou à travailler pendant la grande chaleur du jour.

C'était là que madame de Planche-Mibray attendait Pauline.

Le cœur de l'actrice battait à outrance.

Elle s'arrêta sur le seuil, et la baronne, qui était assise, se leva pour venir à sa rencontre.

Mais, au moment où la baronne lui tendait la main et tandis que le jardinier s'en allait, une troisième personne entra dans le pavillon.

Elle était vêtue comme une servante et portait un plateau sur lequel se trouvait un bol de lait.

Pauline regarda cette femme et jeta un cri.

C'était la mendiante de l'auberge.

Et, comme madame de Planche-Mibray étendait la main vers le bol pour le porter à ses lèvres, Pauline, jetant un nouveau cri, s'en empara vivement et en jeta le contenu sur le parquet.

— Que-faites-vous, madame? exclama la baronne stupéfaite.

— Je vous sauve la vie ! répondit Pauline. Cette femme est une empoisonneuse.

Et au même instant aussi, un nouveau personnage tomba comme la foudre au milieu de ces trois femmes.

Et cet homme se jetant sur la bohémienne interdite, lui sauta à la gorge et la terrassa.

C'était l'ermite de Frettoie, ou plutôt c'était Fanfreluche qui, regardant Pauline, lui dit :

— Nous sommes arrivés à temps.

— Mais quelle est donc cette femme ? s'écria madame de Planche-Mibray.

— La sœur de Munito, répondit Fanfreluche qui tenait la bohémienne immobile sous son genou.

IX

Comment la mendiante était-elle tout à coup transformée en servante et comment cette servante apportait-elle à boire à madame de Planche-Mibray?

C'est ce que nous allons expliquer en peu de mots.

La baronne se levait toujours de fort bonne heure à la campagne.

Dès le lever du soleil, et quelquefois avant, elle se promenait, tantôt dans le parc, tantôt dans les environs, soit à pied, soit à cheval.

Depuis quatre jours qu'elle était revenue à Planche-Mibray, elle avait encore avancé l'heure où elle sortait.

C'est que maintenant que le devoir à remplir était son unique horizon et qu'elle avait la conviction que le bonheur n'était plus fait pour elle, maintenant elle avait besoin de se créer des occupations constantes et de réaliser ce programme que le vieux Jean lui avait tracé le soir où il l'accompagnait au couvent.

— Dieu attendra, avait-elle dit en souriant. Les pauvres passeront avant lui.

Elle faisait allusion, en parlant ainsi, à l'église qu'elle voulait construire.

Le plus pressé était la fondation d'un hospice.

Or, bien que les terres qui entouraient le château fussent vastes et nombreuses, aucune ne pouvait convenir à l'emplacement d'un établissement semblable. Il fallait que cette maison de refuge fût tout près du bourg.

Madame de Planche-Mibray s'était souvenue la veille qu'il y avait au bord de l'Yonne, en sortant de Coulanges, dans la direction de Châtel-Censoir, un vaste emplacement qui avait été un chantier de bois et qui maintenant était à vendre.

Aussi avait-elle dit au vieux Jean, en descendant de grand matin :

— Viens avec moi, nous allons nous occuper de l'hospice.

Jean l'avait accompagnée.

La baronne, après avoir visité les terrains, était allée sur le port frapper à la porte d'un vieux bonhomme, ancien vigneron, à qui ils appartenaient.

— Père Santereau, lui avait-elle dit, vous voulez vendre votre terrain ?

— Oui, madame.

— Je l'achète. Vous pouvez, demain matin, vous en aller chez M. Bompoint, mon notaire, à qui je vais écrire un mot.

En sortant de la maison du père Santereau, madame de Planche-Mibray, toujours suivie de Jean, avait pris le chemin de halage au lieu d'entrer dans le bourg.

Elle choisissait ce chemin pour deux raisons : la première, c'est qu'il était un peu plus court; la seconde, c'est qu'elle trouverait sur sa route, de l'autre côté du pont, une pauvre cabane dans laquelle vivaient cinq enfants en bas âge et une veuve, auxquels elle avait coutume de faire quelquefois visite et de distribuer des secours.

Mais comme elle atteignait le pont, ses regards furent attirés par une femme qui, assise sur une borne, mordait avec une sorte d'avidité dans un morceau de pain, tandis que deux larmes silencieuses coulaient le long de ses joues.

Cette femme, qui était misérablement vêtue, était la même qui avait passé la nuit au *Chariot d'or*.

Dans une ville, les tons chauds et dorés de son visage, ses yeux noirs, son profil hardi eussent attiré l'attention.

Mais, à la campagne, le visage le plus blanc a bientôt pris une couleur bistrée sous l'action du hâle, et madame de Planche-Mibray n'examina pas cette femme avec plus d'attention.

Seulement, la voyant pleurer, elle s'approcha d'elle :

— Qu'avez-vous, bonne femme ? lui dit-elle.

Dolorès, car c'était bien elle, leva la tête.

La bohémienne avait su se vieillir et dissimuler en partie sous ses cheveux en broussaille et une couche de crasse sa merveilleuse beauté.

Elle regarda madame de Planche-Mibray avec une sorte de défiance et prit un accent alsacien pour lui repondre, tout en essuyant ses larmes.

Il résultat du récit qu'elle fit en baragouin français-allemand, qu'elle était venue d'Alsace à la suite d'une famille qui voyageait et qu'elle servait en qualité de cuisinière.

Cette famille s'était arrêtée à Troyes et y avait séjourné environ une semaine dans un hôtel.

Puis, un matin, elle était partie, en congédiant l'Alsacienne et lui laissant une faible somme.

Dolorès avait sans doute préparé longtemps à l'avance ce petit roman, car elle s'en tira à merveille.

Elle raconta que, n'ayant que peu d'argent et point de papiers, redoutant Paris où, lui avait-on dit, une pauvre servante qui n'est pas tout à fait laide, est en butte à mille séductions, elle avait marché droit devant elle, en se dirigeant vers le sud, dans l'espoir de rencontrer une ville où elle trouverait à se placer.

C'était ainsi qu'elle avait traversé Sens, Joigny, Auxerre, épuisant peu à peu ses faibles ressources et rebutée partout, parce qu'elle n'avait ni livret ni passe-port, et s'exprimait difficilement en français.

Arrivée la veille au soir à Coulanges, elle avait couché dans un grenier à foin.

Avec ses derniers deux sous elle avait acheté le pain qu'elle mangeait, et, maintenant, elle ne savait plus où aller.

Ce récit était non-seulement vraisemblable, mais il était fait avec un accent naïf qui toucha madame de Planche-Mibray.

La baronne fouilla dans sa poche, y prit son porte-monnaie, et dans son porte-monnaie deux pièces d'or.

Mais la fausse Alsacienne eut un geste de fierté qui acheva de séduire la confiante châtelaine.

Elle ne demandait pas l'aumône, elle voulait gagner sa vie.

— Jean, dit alors madame de Planche-Mibray à son vieux valet de chambre, tu vas conduire cette femme au château, tu lui donneras des vêtements convenables et tu l'emploieras aux cuisines.

Jean était si heureux de voir sa maîtresse se reprendre peu à peu aux choses de la vie, qu'il s'empressa d'obéir.

La fausse Alsacienne le suivit, et madame de Planche-Mibray, continuant à suivre le chemin de halage, se dirigea vers la maison de la veuve.

Une heure après, elle arrivait au château, trouvait la Bréhaigne et le billet de Pauline.

La Bréhaigne ne s'était pas expliquée davantage.

Le billet qu'elle apportait lui avait été remis par une jeune et jolie dame qui était descendue la veille au soir au *Chariot d'or*.

Madame de Planche-Mibray s'était empressée de répondre le billet que nous connaissons, et, persuadée que Pauline allait venir, elle s'était enfermée dans le pavillon où la jeune actrice devait la trouver.

Pauline s'était trompée en écrivant à la baronne que son nom lui était sans doute inconnu. Au temps de son bonheur, la baronne allait souvent au spectacle, et Pauline, on le sait, avait déjà une réputation de talent et de beauté.

Que venait-elle faire à Planche-Mibray? La baronne l'ignorait; mais elle avait, dans sa lettre, parlé de Manuel, et le nom de Manuel mort était une recommandation plus grande encore que le nom de Manuel vivant.

D'ailleurs, Manuel avait eu une jeunesse; il avait noué des relations éphémères.

Peut-être Pauline était-elle une de celles qu'il avait aimées ; peut-être rapportait-elle à la fiancée devenue veuve quelque souvenir du fiancé mort.

Une âme vulgaire eût éprouvé un sentiment de jalousie : une femme aussi distinguée d'esprit et de cœur que madame de Planche-Mibray devait ressentir une impression toute différente.

Et puis, tout ce qui avait connu, tout ce qui avait aimé Manuel, pouvait-il lui être indifférent ?

Elle se prit donc à attendre Pauline avec une vive impatience.

Mais Pauline avait dormi longtemps et les heures s'écoulaient.

Madame de Planche-Mibray s'était mise deux ou trois fois déjà à la fenêtre du kiosque, pour regarder dans les allées du parc.

Un des jardiniers vint à passer; elle l'appela :

— Tu as pourtant bien porté ma lettre, dit-elle.

— Oui, madame.

— Qu'a dit cette dame?

— Je ne l'ai pas vue Elle était encore couchée.

— J'ai soif, dit la baronne, passe aux cuisines et envoie-moi une tasse de lait.

Et elle s'était remise à lire distraitement un volume pieux, tant son impatience était grande.

Quelques minutes après, Pauline arrivait.

Dix minutes plus tard, la fausse Alsacienne entrait à son tour.

Et il ne nous reste à expliquer qu'une chose, la présence inattendue de Fanfreluche arrive a temps pour sauver la baronne.

Le nouvel ermite avait pris rendez-vous la veille avec Pauline.

Pourquoi ?

A la suite du mystérieux entretien qu'elle avait eu avec lui et de l'excursion qu'ils avaient faite ensemble, Pauline s'était chargée de préparer doucement et peu à peu la baronne à cette nouvelle foudroyante, que M. de Maugeville, dont elle portait le deuil dans son cœur, n'était pas mort.

Or, depuis le matin, Fanfreluche errait le long du mur de clôture du parc, car il était bien certain que madame de Planche-Mibray, si la joie ne la tuait pas, voudrait voir Maugeville sur-le-champ.

Lui seul pouvait la conduire, à travers la forêt, jusqu'à cet asile impénétrable, où depuis un mois il cachait celui que tout le monde croyait mort.

Le parc n'avait pas une clôture régulière.

Tantôt c'était un mur bordé d'un saut de loup, tantôt une haie vive.

Or, Fanfreluche s'était assis derrière la haie, et il attendait, le cœur palpitant, une explosion de joie quelconque pour apparaître, lorsque ses yeux, qui plongeaient à travers la haie, rencontrèrent la bohémienne se dirigeant vers le kiosque, sa tasse de lait à la main.

Il y avait bien trois ou quatre ans que le vieux forçat n'avait vu Dolorès; mais il la reconnut sur-le-champ.

Pourquoi et comment était-elle au château?

Il le comprit tout de suite, car il savait l'ardente affection qui avait toujours uni le frère et la sœur.

Si Dolorès était au château, c'est qu'elle venait venger son frère!

Le vieillard eut un premier moment d'émotion et de stupeur qui fit bientôt place à une énergie subite.

Il se jeta, au travers de la haie, comme un sanglier qui fait une trouée dans un hallier; il se mit à courir tout meurtri et tout ensanglanté par les épines, sur les pas de Dolorès, et il arriva dans le pavillon au moment même où Pauline jetait la tasse de lait sur le parquet.

. . . .

Et maintenant madame de Planche-Mibray, la sueur au front, pâle, frissonnante, regardait tour à tour Pauline, Fanfreluche et la bohémienne, que celui-ci tenait immobile sous son genou.

Dolorès se débattait en vain.

Le vieil hercule avait retrouvé toute sa force.

— Madame, dit-il, appelez au secours, que vos gens viennent... Si cette misérable se relevait, vous seriez perdue... Elle a certainement sur elle quelque stylet empoisonné. Ce n'est pas une femme, c'est une tigresse.

La bohémienne hurlait :

— Eh bien! oui... c'est moi... je suis Dolorès... la sœur de Munito... et je veux le venger ou mourir... Le lait était empoisonné...

Pauline s'était élancée vers la fenêtre et criait :

— Au secours!

Les jardiniers arrivèrent.

— Des cordes! disait Fanfreluche; il faut la garrotter. C'est une bête fauve.

On apporta des cordes, et les jardiniers aidant à maintenir Dolorès par terre, Fanfreluche put lui lier les pieds et les mains.

Quand ce fut fait, il se tourna vers la baronne que les regards sanglants et les cris de fureur de la bohémienne continuaient à épouvanter :

— Madame, dit-il, vous la livrerez plus tard à

la justice. Maintenant nous allons lui trouver une prison dans le château.

Et chargeant Dolorès pantelante et ses lèvres pleines d'écume sur ses épaules, il s'élança hors du pavillon.

Alors madame de Planche-Mibray se laissa tomber anéantie sur un siége.

Pauline, non moins émue, mais plus forte, s'agenouilla alors devant elle et lui dit :

— Ah! madame... je suis arrivée à temps... et j'ai bien failli arriver trop tard... Je suis partie de Paris avant-hier soir, trois heures après cette femme, et je vois bien que Dieu vous protége, puisqu'il m'a permis de la devancer.

— C'était donc pour me sauver que vous veniez ici? dit la baronne d'une voix faible.

— Oui, madame.

Et Pauline, les yeux pleins de larmes, d'une voix que l'émotion brisait, raconta alors à madame de Planche-Mibray, frissonnante, ce qui s'était passé à Paris, et comment elle n'avait pu partir qu'après la bohémienne ; comment encore elle avait rencontré la fausse mendiante le matin, entre Moniteaux et Auxerre ; comment enfin elle avait vu cette femme venir demander l'hospitalité au *Chariot d'or*.

A mesure qu'elle parlait, Pauline se calmait et sa voix reprenait son timbre habituel.

— Je suis venue pour vous sauver d'un péril de mort, madame, continua-t-elle ; mais je suis venue encore pour vous arracher à un autre danger.

La baronne tressaillit.

— Qu'est-ce donc encore ? dit-elle.

Pauline baissa la voix :

— Oh ! pardonnez-moi, madame, dit-elle, si moi, la pauvre pécheresse, la fille de théâtre, j'ose prononcer un nom en votre présence... Manuel...

— Manuel ! s'écria madame de Planche-Mibray, dont tout le sang afflua à son cœur. Oui, vous me parliez de lui dans votre lettre... L'avez-vous donc connu ?

— Je l'ai vu trois fois en ma vie, dit Pauline.

Elle baissa les yeux, son sein se souleva, et elle murmura d'une voix éteinte :

— Et je l'aimais !

Ce mot fut comme le trait d'union qui fait deux âmes sœurs.

La grande dame prit la main de la fille de théâtre et la serra.

— Pauvre petite ! dit-elle.

Mais Pauline redressa la tête.

— Oui, madame, dit-elle, je l'aimais, mais il ne l'a jamais su... je l'aimais, et quand un misérable a voulu me condamner à un rôle infâme vis-à-vis de vous et de lui, je me suis révoltée.

La baronne ne comprenait pas ces dernières paroles.

Pauline reprit :

— Un misérable et une coquine ont eu un jour l'idée infernale de vous arracher M. de Maugeville et de le jeter dans mes bras.

C'était d'autant plus facile à leurs yeux, que j'aimais, à son insu, M. de Maugeville.

Mais, dit Pauline avec un accent de fierté, je suis une honnête fille et je les ai repoussés.

Madame de Planche-Mibray était redevenue toute pâle.

Elle craignait de deviner.

— Quelle était donc cette femme? dit-elle.

— Elle est morte, dit Pauline.

— Son nom?

— Elle est morte il y a huit jours, en quittant le château de Rochepinte, où elle était venue avec son complice.

— Et cette femme se nommait Corinne? demanda la baronne en tremblant.

— Oui, madame.

Madame de Planche-Mibray sentit alors comme un voile se déchirer devant ses yeux.

— Mon Dieu! fit-elle.

Puis, tout à coup :

— Mais son complice, quel était-il ?

— C'est l'homme que vous devez épouser, madame, dit Pauline ; c'est M. de Villenave.

La baronne étouffa un cri, et un mot vint à ses lèvres :

— Le misérable !

Alors Pauline tira de son sein un chiffon de papier jauni et froissé, et le plaçant sous les yeux de la baronne :

— Voilà, dit-elle la preuve écrite de la trahison de M. de Villenave.

Ce papier que Pauline avait toujours conservé n'était autre que le billet écrit à Corinne par M. de Villenave.

— Mon Dieu ! mon Dieu ! s'écria madame de Planche-Mibray d'une voix déchirante ; mon Dieu !

Et prise d'un véritable désespoir, elle dit encore :

— Mais cet homme a ma parole.

— Je le sais, dit Pauline.

— Il faut que je l'épouse, ou que j'aille m'ensevelir dans un cloître !

Et la pauvre femme frissonnait au souvenir de la nuit terrible qu'elle avait passée au couvent.

— Ou que Dieu fasse un miracle ! dit Pauline.

— Un miracle !

Et la baronne éperdue regarda Pauline.

— Oui, répéta Pauline, Dieu peut faire un miracle.

Mais la baronne secoua la tête.

— Hélas! dit-elle, il faudrait que Manuel sortît de sa tombe pour chasser cet homme de ma présence, et les morts ne reviennent pas...

— On me disait le contraire, madame, dans mon enfance, murmura Pauline.

— On vous trompait, mon enfant, dit la baronne, dont les yeux s'emplirent de larmes ; les morts ne reviennent pas, vous dis-je.

— Peut-être...

Ce dernier mot produisit un choc électrique, et madame de Planche-Mibray se leva éperdue, tremblante, regardant la jeune actrice avec égarement.

Alors Pauline lui prit la main :

— Madame, dit-elle, à ceux qui ont eu la force de ne pas mourir de douleur, Dieu donne celle de ne pas mourir de joie.

La baronne jeta un nouveau cri.

— Que dites-vous? que voulez-vous dire? fit-elle d'une voix éteinte.

Et elle se laissa presque tomber dans les bras de Pauline, qui la soutint.

— Madame, reprit Pauline en la replaçant dans son fauteuil et s'agenouillant de nouveau devant elle, comme vous j'aimais Manuel, comme vous je l'ai pleuré, comme vous j'ai cru que j'allais mourir...

— O mon Dieu! murmura la baronne, que veut-elle dire?

— Je veux dire, répondit Pauline, que M. de Maugeville chassera d'ici M. de Villeñave.

— Elle est folle! dit la baronne, qui prit son front à deux mains.

Pauline eut un élan de passion irrésistible.

— Oui! s'écria-t-elle, oui, je suis folle, madame, mais folle de joie, puisqu'il m'est permis de vous dire : « Manuel n'est pas mort! »

La baronne poussa un dernier cri, et ses yeux se fermèrent en même temps que ses lèvres murmuraient :

— Mon Dieu! ne me tuez pas!

En ce moment aussi, Fanfreluche apparut de nouveau sur le seuil du pavillon.

Il vit madame de Planche-Mibray immobile et les yeux fermés.

— Mon Dieu! s'écria-t-il, vous l'avez tuée!

— Non, répondit Pauline, on ne meurt pas de joie.

X

Pauline avait raison. On ne meurt pas de joie. Moins d'une heure après la scène que nous venons de raconter, madame de Planche-Mibray, redevenue maîtresse d'elle-même, quittait le château dans une de ces voitures de campagne qui ont la voie, comme on dit, et peuvent, par conséquent, rouler dans les routes de forêt qui sont ordinairement sillonnées d'ornières profondes.

Quatre personnes l'accompagnaient : Pauline, Fanfreluche, toujours couvert de sa robe d'ermite, un des jardiniers et le vieux Jean, qui conduisait la voiture.

Au château, on ne savait rien encore, si ce n'est que la bohémienne avait voulu empoisonner la baronne.

Mais le secret avait été fidèlement gardé touchant M. de Maugeville, entre le jardinier, Fanfreluche et Pauline, durant l'évanouissement de madame de Planche-Mibray.

Ce ne fut que lorsqu'on fut hors du château que la baronne, qui avait retrouvé toute sa force et dominait maintenant le bonheur qui avait failli la tuer, apprit à Jean toute la vérité.

M. de Maugeville n'était pas mort ; il y avait mieux : il entrait en pleine convalescence, et Fanfreluche assurait qu'il pourrait supporter le transport par la voiture.

Maintenant, comment Manuel avait-il survécu? comment Fanfreluche était-il parvenu à le cacher? et pourquoi avait-il gardé un silence obstiné pendant un mois, n'ayant d'autre confident que la Bréhaigne?

C'est là ce qu'il racontait naïvement pendant le trajet, le pauvre vieux, à madame de Planche-Mibray, qui l'écoutait avidement.

Fanfreluche, une nuit — cette nuit-là même où il quitta le château furtivement avec l'intention de s'en retourner au bagne — Fanfreluche, on s'en souvient, avait été surpris par deux coups de sifflet venant, l'un des profondeurs de la forêt, l'autre du vallon des Balthasar.

Puis, caché dans une broussaille, à deux pas de distance, il avait vu Munito et Michel se rejoindre, et il avait assisté, témoin invisible et muet, au pacte conclu entre les deux misérables.

Michel se chargeait, pour une somme de cinq cents francs, de tuer M. de Maugeville.

Alors Fanfreluche avait renoncé à partir.

Caché sous la robe d'ermite, il veillait sur M. de Maugeville, et peut-être l'eût-il sauvé tout à fait sans une circonstance indépendante de sa volonté, comme on va voir.

Ce soir-là où M. de Maugeville s'en revenait de la chasse avec le notaire Bompoint, le faux ermite, qui était parvenu à savoir l'heure et le lieu choisis par les deux assassins, après avoir quelques heures auparavant fait prévenir Manuel par la Bréhaigne, l'avait suivi pas à pas, lui recommandant de descendre tout droit à Coulanges, en évitant de rentrer à Planche-Mibray.

Fanfreluche, en sa qualité d'ancien saltimbanque, était ventriloque.

C'est ce qui explique comment M. de Maugeville et le notaire Bompoint avaient inutilement cherché le corps d'où partait cette voix.

L'ermite savait en quel endroit Munito et Michel Balthasar devaient se poster.

Mais ce qu'il ignorait, c'étaient les deux chemins qui courent sous bois et raccourcissent souvent les distances.

Il n'y avait que huit jours qu'il était en forêt, et ces huit jours étaient insuffisants pour étudier et apprendre la topographie de Frettoie.

Fanfreluche, voyant que M. de Maugeville n'écoutait pas ses avis, avait pris le parti de marcher à travers bois et d'arriver avant lui à l'endroit où les assassins devaient être postés.

Fanfreluche s'embarrassa dans un faux chemin qui tournait insensiblement sur lui-même, de telle façon qu'il n'en était pas loin encore, lorsque le coup de feu de Michel Balthasar se fit entendre.

On se souvient qu'il était arrivé au moment où Michel prenait la fuite et tandis que Munito, ivre de haine, se repaissait de la vue de son ennemi expirant.

Munito, en reconnaissant Fanfreluche sous sa robe d'ermite, Fanfreluche qui lui reprochait son crime d'une voix tonnante, Munito, saisi d'épouvante, avait pris la fuite à sa vue.

Alors le pauvre forçat, le pauvre saltimbanque s'était penché à son tour sur M. de Maugeville dont le sang coulait avec abondance.

Les bohémiens sont tous un peu chirurgiens; une certaine connaissance des simples se transmet parmi eux de génération en génération.

Les uns savent rebouter un membre démis, les autres débrider une plaie, extraire une balle, faire un pansement.

Fanfreluche déchira sa chemise, la déchiqueta, en fit une charpie grossière, et, tant bien que mal, ferma la blessure.

Il était à égale distance de Planche-Mibray et

de cette grotte qu'il avait choisie pour demeure, et dans laquelle le précédent ermite était mort.

Pourquoi, chargeant M. de Maugeville sur ses épaules, ne le transporta-t-il point à Planche-Mibray?

C'est facile à comprendre.

Il lui fallait, en agissant ainsi, dénoncer Munito, et Munito était son enfant d'adoption; et il y avait vingt ans que Munito l'allait voir au bagne tous les six mois.

Il avait donc emporté M. de Maugeville dans la grotte.

Là, aidé de la Bréhaigne, il était parvenu à tirer le blessé d'un long évanouissement.

Mais en rouvrant les yeux, M. de Maugeville ne l'avait reconnu ni lui ni la Bréhaigne.

Il avait le délire.

Fanfreluche, nous l'avons dit, était un peu chirurgien; quand le jour vint, quand il put examiner la blessure, il reconnut qu'elle n'était pas mortelle; et il opéra même l'extraction de la balle.

Mais il était évident que la disparition de M. de Maugeville ferait grand bruit, qu'on le chercherait partout et que, si on le trouvait, il faudrait que Fanfreluche parlât ou qu'il se laissât accuser lui-même.

Il fallait donc trouver une retraite inaccessible, et cette retraite Fanfreluche l'avait trouvée.

Deux jours auparavant, comme il se couchait sur le sol, enveloppé dans la robe du défunt ermite, appuyant sa tête contre la paroi lisse du roc, il lui avait semblé entendre un bruit semblable au clapotement d'un filet d'eau tombant sur des cailloux.

Cependant le rocher était sec et il avait même un aspect volcanique.

Çà et là on voyait au fond de la grotte quelques petites crevasses sans profondeur.

Fanfreluche se leva, s'en approcha, et le clapotement lui parut plus distinct.

Alors, comme il avait soif, que sa gourde était vide et qu'il lui aurait fallu faire un bon quart de lieue pour trouver un ruisseau, Fanfreluche, s'armant d'un bâton de bois très-dur, l'avait introduit dans une des crevasses, et à force d'exercer des pesées en tous sens, il avait fini par détacher un bloc de roche de l'épaisseur d'un homme.

Soudain une bouffée d'air humide lui avait frappé le visage, et le clapotement s'était fait entendre si nettement qu'il était désormais impossible d'en douter : c'était le bruit souterrain d'une source que Fanfreluche venait d'entendre.

Devant lui s'ouvrait une espèce de boyau souterrain s'enfonçant sous le rocher.

Fanfreluche avait battu le briquet et allumé un morceau de sapin résineux dont il s'était fait une torche.

Puis il s'était enfoncé dans ce boyau, qui était long d'une trentaine de mètres et aboutissait à une grotte souterraine dont le sol était couvert d'un petit sable fin, et au fond de laquelle coulait une petite source qui y entretenait une perpétuelle fraîcheur.

Fanfreluche avait bu à longs traits, mais il était revenu dans sa grotte ordinaire, enchanté d'avoir trouvé une source si près de son agreste demeure.

Aussi le surlendemain, quand il fut question de cacher M. de Maugeville, le vieux saltimbanque n'hésita pas un seul instant.

Aidé de la Bréhaigne, il transporta le blessé, qui avait toujours le délire, dans cette deuxième grotte.

L'air humide et froid qui y régnait était salutaire au blessé et devait le préserver de la gangrène.

Fanfreluche, chaque fois qu'il sortait, replaçait le bloc de roche qu'il avait détaché.

Les gendarmes étaient venus dans sa grotte, mais ils n'avaient rien trouvé.

Et pendant un mois, M. de Maugeville était

demeuré, sinon entre la vie et la mort, au moins entre la raison et la folie.

Le corps se guérissait, la blessure se fermait, mais la lucidité d'esprit ne revenait pas.

Enfin une circonstance fortuite avait amené une réaction favorable.

On se rappelle que Fanfreluche avait saisi Michel, blessé, à la gorge, en lui disant :

— Toi, tu appartiens à la guillotine.

Il l'avait emporté dans cette grotte où était déjà M. de Maugeville, toujours délirant.

Et là il avait forcé le bandit à lui faire sa confession tout entière.

Ce que tous les soins et tous les remèdes de Franfreluche n'avaient pu obtenir, le récit de Michel Balthasar l'obtint.

Les noms de Corinne, de Villenave, de Munito, que prononçait Michel tour à tour, avaient frappé son oreille, éveillé son intelligence engourdie, et tout à coup il s'était écrié :

— Mais où suis-je donc ?

Alors il avait reconnu l'ermite, il avait reconnu la Bréhaigne ; le nom de madame Planche-Mibray était venu à ses lèvres.

Et puis encore un véritable miracle s'était opéré.

Fanfreluche le forçat avait fait pénétrer le repentir dans l'âme de Michel Balthasar.

L'assassin s'était mis aux genoux de sa victime et lui avait demandé pardon.

Huit jours après, M. de Maugeville était en pleine convalescence.

Cependant il ne sortait pas de la grotte ; il ne demandait pas à être transporté à Planche-Mibray.

Pourquoi ?

C'est que Michel lui avait tout dit, et qu'il savait maintenant l'infamie de M. de Villenave, le *deus ex machinâ* de tout cet horrible drame ; et que Fanfreluche lui avait dit :

— Il faut attendre... Il faut pouvoir confondre le misérable... Il faut surtout trouver un moyen de préparer madame de Planche-Mibray, qui vous pleure comme mort, à la joie de vous revoir.

Ce dernier moyen, le hasard encore s'était chargé de le trouver.

Pauline avait rencontré la Bréhaigne, avec qui l'ermite avait rendez-vous.

Et l'ermite avait dit à Pauline :

« — Venez avec moi. »

M. de Maugeville avait reconnu Pauline, comme il avait reconnu Fanfreluche et la Bréhaigne ; et maintenant il attendait dans une inexprimable angoisse qu'on vînt lui dire :

« Madame de Planche-Mibray sait que vous êtes vivant et elle n'est pas morte ! »

Tel avait été le récit du pauvre Fanfreluche, qui contemplait avec des yeux humides celle que pendant si longtemps il avait crue sa fille.

La voiture s'avança, tandis que Fanfreluche parlait, jusqu'à une certaine distance de la grotte de l'ermite.

Mais là il fallut s'arrêter.

Cette grotte, comme on sait, était au fond d'un ravin, défendu de tous côtés par des broussailles presque impénétrables.

Madame de Planche-Mibray s'élança hors de la voiture et suivit l'ermite.

Celui-ci écartait les branches d'arbres et frayait le chemin.

Au bout d'un quart d'heure de marche, la baronne se trouva à l'entrée de la première grotte.

Mais là son émotion fut si grande qu'elle fut obligée de s'appuyer sur Pauline, à qui elle donnait le bras.

Une femme se trouvait déjà dans la grotte.

C'était la Bréhaigne.

En voyant apparaître la baronne, elle posa un doigt sur ses lèvres.

Puis, s'approchant, elle dit tout bas :

— Il faut le ménager, lui aussi, car il n'est pas encore bien vaillant.

La baronne s'était assise sur le bloc de rocher

qui fermait ordinairement l'entrée du corridor souterrain.

— Restez là, dit la Bréhaigne.

— Pourquoi?

— Parce que, s'il vous voyait apparaître comme cela, sans être prévenu...

— Eh bien?

— Il pourrait se trouver mal, dit la Bréhaigne.

— Mon Dieu! murmura la baronne, dont le cœur éclatait.

Puis elle dit à la Bréhaigne :

— Allez, j'attendrai!

Pauline et la Bréhaigne s'engagèrent dans le souterrain.

L'ermite et les deux valets de Planche-Mibray étaient demeurés auprès de la baronne.

La grotte était éclairée.

Fanfreluche y avait apporté une certaine quantité de petits cœurs de sapin, que l'on brûlait l'un après l'autre, et qui entretenaient une lumière douteuse.

M. de Maugeville était bien réellement entré en convalescence.

Michel le servait et lui prodiguait mille soins.

Cette âme grossière avait été enfin touchée par le repentir.

Quand il vit apparaître la Bréhaigne, et, derrière elle, Pauline, M. de Maugeville eut un battement de cœur.

— Mon Dieu ! dit-il, que venez-vous m'apprendre ?

— Rien de mauvais, dit Pauline.

Elle s'assit auprès de lui, sur le sable humide de la grotte, et lui prit la main.

— Mon ami, dit-elle, je suis allée ce matin a Planche-Mibray.

— Vous l'avez vue ? demanda M. de Maugeville.

— Oui.

— Et... vous lui avez dit...

— Elle sait tout.

Un sourire glissait alors sur les lèvres de Pauline.

— Et la joie ne tue pas, acheva-t-elle.

M. de Maugeville était devenu fort pâle.

— Ainsi, dit-il, elle sait que je suis vivant ?

— Oui.

— Elle sait où je suis ?

— Oui.

Il eut un nouveau battement de cœur, puis un sourire triste effleura ses lèvres.

— Et elle n'a pas eu la force de venir avec vous ? dit-il.

Mais alors une voix se fit entendre à l'entrée du souterrain ; une voix retentit harmonieuse, émue, une voix d'ange exilé qui retrouve enfin le ciel, et cette voix disait :

— Manuel ! me voilà...

Et madame de Planche-Mibray se jeta dans les bras de M. de Maugeville, qui la couvrit de baisers brûlants.

En ce moment, la pauvre Pauline détourna la tête, et une larme furtive s'échappa de ses yeux.

Ce fut sa dernière faiblesse.

Et quand le premier transport de madame de Planche-Mibray fut passé, elle appela Jean en lui criant :

— Prépare un brancard, mon vieil ami. Coupe des branches d'arbre.

— C'est inutile, dit Manuel, je sens que j'aurai la force de marcher jusqu'à la voiture.

Mais alors Fanfreluche intervint.

— Madame, dit-il, il ne faut pas que M. de Maugeville rentre à Planche-Mibray en plein jour.

— Pourquoi ?

— Il ne faut pas que les gens de Coulanges sachent encore qu'il est vivant.

— Mais, pourquoi ? demanda-t-elle encore.

— Pourquoi ? fit Fanfreluche, cet homme va vous le dire.

Alors madame de Planche-Mibray, qui, jusque-là, dans son trouble et sa joie, n'avait vu que

9.

M. de Maugeville, madame de Planche-Mibray, disons-nous, aperçut un autre homme qui se tenait debout, morne et les yeux baissés, dans un coin de la grotte.

Cet homme, c'était Michel Balthasar.

La baronne le regardait étonnée.

Il fit un pas vers elle, se mit à genoux et lui dit :

— M. de Maugeville m'a pardonné, madame, et je monterai à l'échafaud sans faiblesse, si vous me pardonnez aussi...

— Je vous pardonne, dit-elle.

— Vous ne pouvez me pardonner, reprit Michel, sans connaître l'étendue de mon crime.

— C'est vous qui avez tiré sur M. de Maugeville, à l'instigation de Munito ? dit la baronne.

— C'est moi qui ai assassiné le baron de Planche-Mibray, répondit Michel.

La baronne jeta un cri.

Michel, d'une voix lente et ferme, poursuivit :

— Tout le monde a cru que M. de Planche-Mibray s'était tué en voulant enjamber un mur. Ce n'est pas vrai.

Voici ce qui est arrivé :

C'était un matin, le baron, qui était sorti sans son chien d'arrêt, s'amusait à tuer des grives dans les vignes, et il était arrivé ainsi jusqu'à la lisière de la forêt.

J'en sortais en ce moment, et j'avais dans ma carnassière un lièvre pris au collet.

Il m'aperçut et m'appela, je m'approchai.

— Mon garçon, me dit-il, tu continues à braconner, tu verras que cela te jouera un mauvais tour.

— Il faut bien vivre, répondis-je.

— Si tu voulais vivre honnêtement, me dit-il, je t'en fournirais les moyens, moi.

— Qu'est-ce que vous voulez ? j'aime la chasse.

— Eh bien, tu chasserais...

Et comme je le regardais, il ajouta :

— Veux-tu entrer chez moi comme valet de chiens ? me dit-il.

En même temps il s'assit au pied d'un mur et posa son fusil à côté de lui.

Nous étions dans un endroit solitaire. Je regardais autour de moi et je ne voyais personne.

Tandis que M. le baron me parlait, j'étais debout contre le mur, que je dépassais de toute ma tête.

— Monsieur! dis-je tout à coup à voix basse.

— Eh bien ? dit-il.

— Bougez pas... Je vois un lièvre au gîte...

— Où ça ?

— Entre deux pierres, sous une ronce, à six pas.

Il se leva et regarda, suivant des yeux mon

doigt, que j'étendais vers le lièvre imaginaire.

— Je ne vois rien, me dit-il.

— Alors, prêtez-moi votre fusil.

— Tiens, le voilà.

Je pris le fusil, et, le portant vivement à mon epaule, je l'appuyai sur la nuque du baron et le tuai raide.

Il tomba sans pousser un cri, et je me sauvai.

— Mais, malheureux, s'écria la baronne bouleversée, c'était donc pour le voler ?

— C'était pour avoir une belle ferme qu'on m'avait promise, dit Michel.

— Qui donc ? fit la baronne pâlissant.

— Le neveu du baron et le vôtre, madame, dit Michel, M. de Villenave !...

Et comme la baronne de Planche-Mibray jetait un cri d'indignation et de douleur :

— Vous voyez bien, madame, dit Fanfreluche, qu'il ne faut pas qu'on sache encore que M. de Maugeville n'est pas mort. Il y a un dernier coupable à livrer à la justice, et celui-là est le plus grand de tous.

. . . .

XI

M. de Villenave, ce matin-là, s'était levé tout guilleret, et il entra dans la salle à manger du château de Rochepinte en fredonnant un air de chasse égrillard.

Toutes les fanfares du monde ont des paroles que les oreilles chastes ne sauraient entendre.

Le veneur est grivois et sa poésie s'en ressent.

Chez le marquis de B..., on déjeunait à dix heures précises.

Depuis les funérailles de Corinne, le marquis, strict observateur des convenances, ne chassait plus, mais il buvait et mangeait comme quatre, à la manière des anciens, qui honoraient les morts en donnant aux vivants des indigestions.

M. de Villenave avait entendu la cloche du déjeuner et il était descendu.

Il avait trouvé le marquis installé à la russe devant un buffet chargé de hors-d'œuvre variés, depuis la langue fumée jusqu'au caviar, et buvant du madère.

— Je prélude au déjeuner, mon ami, dit le marquis de B... Buvez de ce madère ; le madère est de deuil, comme on dit dans *le Lion empaillé*.

— Et le vin du Rhin ? dit M. de Villenave en riant.

— Le vin du Rhin aussi. Buvez celui-là.

On servit le déjeuner, et les deux amants de Corinne se mirent fraternellement à table.

— Mon bon ami, dit alors le marquis, j'ai fort mal dormi cette nuit.

— Est-ce que vous avez pleuré Corinne ?

— Non, j'ai pensé à vous.

— Vraiment ?

— Et je me suis promis de vous donner un bon conseil.

— Voyons.

— Je connais les femmes, comme bien vous pensez, et j'en pense plus de mal que de bien.

— Oh ! oh !

— La femme est prime-sautière, poursuivit le marquis ; son premier mouvement est excellent.

— Bon ! et le second ?

— Il est moins bon.

— Et le troisième ?

— Il est mauvais.

— Où voulez-vous en venir, mon cher marquis ?

— Vous allez voir. Votre tante vous a dit :

« Je veux bien vous épouser, » n'est-ce pas?

— Oui.

— Et elle vous a laissé le soin de fixer vous-même l'époque du mariage ?

— Parfaitement.

— Eh bien ! cette époque l'avez-vous fixée ?

— Pas encore.

— C'est un tort.

— Oh ! dit Villenave, je ne puis pourtant pas me montrer trop pressé.

— Au contraire, mon cher ami, et je ne laisserais à la baronne, si j'étais à votre place, que le temps de publier les bans.

— Pourquoi cette précipitation ?

— La baronne peut réfléchir.

— J'ai sa parole.

— Bah ! quand elles ont imprudemment engagé leur parole, savez-vous ce que font les femmes?

— Non.

— Les unes, celles que nous aimons d'ordinaire, les filles de théâtre, les cocottes, y manquent carrément.

— Et les autres?

— Les autres, les femmes d'éducation et de vertu, font mieux : elles vont trouver un confesseur habile, un casuiste passé maître, lequel leur prouve qu'elles n'avaient pas leur libre arbitre au moment où elles se sont engagées.

— Vous croyez ?

— J'en suis sûr, dit le marquis avec conviction.

Un léger frisson parcourut M. de Villenave des pieds à la tête.

— Croyez-moi, reprit le marquis, mieux vaut tenir que courir, et si vous ne voulez pas que votre édifice patiemment et laborieusement construit s'écroule un matin comme un jeu de cartes au souffle d'un enfant, vous mènerez les choses rondement.

— Vous avez raison, dit M. de Villenave.

Il acheva de déjeuner; puis, sur la table même et sans quitter sa place, il écrivit la lettre suivante en riant et lisant une à une chaque phrase:

« Madame,

« Depuis quarante-huit heures que j'ai quitté Planche-Mibray, je sens que ma raison m'échappe par instants.

« Ainsi donc, cela est bien vrai, et je ne suis pas le jouet d'un rêve, vous consentez à devenir madame de Villenave ?

« Je prends mon front à deux mains, et je me demande si vous n'avez pas voulu m'éprouver.

« A de certaines heures, il me semble que rien

de tout cela n'est arrivé et que vous ne m'avez rien promis.

« A de certaines autres, il me semble que mon cœur brise ma poitrine et que, si vous ne pouvez, hélas! me rendre tout l'amour que j'ai pour vous, au moins vous me ferez l'honneur de m'estimer.

« Marthe, je vous aime...

« Je vous aime ardemment, saintement; je vous vénère comme une créature qui n'a rien de terrestre.

« Vous m'avez laissé le soin de fixer l'époque de notre union, et je sens, à cette pensée, un grand effroi s'emparer de mon âme.

« L'oserai-je?

« Plus je descends en moi-même et plus je me sens indigne de vous.

« Mais les anges ont le privilége d'élever jusqu'à eux les simples mortels, et c'est avec confiance que je vous dis :

« Marthe, si nous devons nous unir, si nous devons relever la maison de mon oncle, que ce soit le plus tôt possible.

« Je ne fixe pas de date, je vous supplie de le faire pour moi.

« Celui qui vous consacrera chaque minute de sa vie,

« Léon de Villenave. »

Lorsque cet amphigouri eut passé tout entier sous les yeux et dans les oreilles du marquis, celui-ci se mit à rire.

— Vous êtes très-fort, dit-il.

— Vraiment? fit M. de Villenave, vous trouvez?

— Dame! vous auriez écrit ceci : « Nous nous marions dans trois semaines, tel jour, à midi, » que ce ne serait pas plus clair. Allons! je vois que le curé de Coulanges parlera de vous dimanche après son prône.

— Je l'espère bien, dit Villenave.

Et il alluma un cigare.

— Ah ça! reprit le marquis, je suppose que si madame de Planche-Mibray a toujours pour moi un certain dédain, madame de Villenave consentira à me recevoir.

— Comment donc! mon cher...

— Serez-vous au moins le maître?

— Je le crois, dit Villenave avec un sourire hypocrite.

Le marquis sonna et dit à son valet de chambre:

— Tu vas monter à cheval et porter cette lettre à Planche-Mibray.

— Dois-je attendre la réponse?

— Sans doute.

La lettre partit.

Le marquis tira sa montre et dit :

— Il faut deux heures pour aller à Planche-Mibray, autant pour en revenir. Vous avez quatre heures d'angoisses à subir. Qu'allons-nous faire ?

— Tuer des lapins dans le parc.

— Non, dit le marquis, la chasse n'est pas de deuil.

— Et le billard ?

— Le billard est de deuil.

— Eh bien ! jouons au billard.

Et ils quittèrent la salle à manger et passèrent dans un délicieux jardin d'hiver au milieu duquel se trouvait un billard.

Jamais M. de Villenave n'avait été d'humeur plus légère.

Les temps orageux étaient passés, et l'horizon lui apparaissait d'un bleu d'azur.

La partie s'en ressentit. M. de Villenave joua d'un bonheur insolent.

— C'est l'ombre de Corinne qui me porte malheur, dit le marquis. Elle croit que jouer au billard n'est pas la regretter assez vivement.

— On fait ce qu'on peut, dit M. de Villenave en riant.

Le marquis s'était trompé d'une heure.

Parti à midi, le valet de chambre revint à trois heures.

Il apportait une lettre de la baronne.

Le marquis et M. de Villenave s'enfermèrent pour en rompre le cachet.

C'était un billet de quelques lignes :

« Il est des choses, monsieur, répondait madame de Planche-Mibray, que l'on aime mieux dire de vive voix.

« Montez à cheval et venez.

« MARTHE DE PLANCHE-MIBRAY. »

— Voilà qui sent bon, dit Villenave.

Le marquis secoua la tête :

— Ce n'est pas mon avis, dit-il.

— Hein ?

— Je flaire à travers ces quatre lignes je ne sais quelle trahison, poursuivit M. de B...

— Oh ! par exemple !

— Vous verrez...

Et, en effet, le marquis fronçait le sourcil comme un homme qu'un vague pressentiment a pris tout à coup à la gorge.

— Mais enfin, dit M. de Villenave, que feriez-vous à ma place ?

— Ce que vous allez faire, parbleu ! Ce billet ne vous laisse pas le choix. Il faut monter à cheval et aller à Planche-Mibray.

— Si vous veniez avec moi ? fit M. de Villenave, que l'inquiétude du marquis commençait à gagner.

- Non pas ! mon très-cher.

— Pourquoi ?

— Mais parce que s'il y a quelque chose à raccommoder, j'achèverais de le casser, moi. Je ne dois pas être en odeur de sainteté là-bas.

— Vous avez raison, j'irai seul.

M. de Villenave monta dans sa chambre et fit sa toilette avec un soin minutieux.

Trois quarts d'heure après, il était en selle.

Le marquis lui avait donné son meilleur cheval, et si M. de Villenave lui eût un peu rendu la main, il eût franchi en moins d'une heure la distance qui sépare Rochepinte de Planche-Mibray.

Mais M. de Villenave, impressionné par les dernières raisons du marquis, n'était pas pressé d'arriver.

Il lui semblait, au contraire, qu'il arriverait toujours trop tôt.

Quand il aperçut dans le lointain le clocher de Coulanges, son inquiétude augmenta.

Il relut le billet de la baronne et le trouva un peu sec.

Était-ce donc là ce qu'il devait attendre en réponse à sa brûlante épître ?

A un kilomètre de Coulanges, M. de Villenave rencontra les gendarmes qui se rendaient à la correspondance.

Il ne put se défendre d'une légère émotion.

Les gendarmes passèrent en le saluant, mais il

lui sembla que le brigadier l'avait regardé de travers.

— Suis-je naïf! se dit-il enfin ; comme si Corinne et Michel n'étaient pas morts!

Et il rendit un peu la main à son cheval, qui prit une allure plus rapide.

Il traversa Coulanges.

On le salua; mais il crut remarquer que les saluts qu'on lui adressait étaient moins respectueux et moins enthousiastes qu'ils ne l'avaient été trois jours auparavant, lorsqu'il était parti pour Rochepinte.

Enfin, quand il fut dans l'avenue du château, il mit son cheval au pas.

Jamais il n'avait eu moins hâte d'arriver.

Il trouva un jardinier à la grille du parc.

— Où est madame? demanda-t-il.

— Au château, répondit le jardinier.

Et cet homme s'éloigna brusquement.

M. de Villenave arriva devant le château.

Au bruit des pas de son cheval, le vieux Jean sortit et vint prendre la bride que lui jeta M. de Villenave.

— Où est madame? répéta ce dernier.

— Dans le grand salon, dit Jean.

— Veux-tu m'annoncer?

— C'est inutile, madame vous attend.

Jean lui avait parlé sans le regarder ; il avait même un léger tremblement dans la voix.

M. de Villenave fronça le sourcil.

Puis, sautant lestement à terre, il entra dans le vestibule.

Dans ce vestibule était une immense glace à cadre de chêne sculpté.

En passant, M. de Villenave s'y regarda et se trouva horriblement pâle.

— Ah ça ! murmura-t-il, est-ce que je vais devenir fou ?

Et il posa une main fiévreuse sur le bouton de la porte du grand salon, après avoir frappé.

— Entrez ! répondit une voix du dedans.

M. de Villenave ouvrit la porte et s'arrêta un peu surpris sur le seuil.

Madame de Planche-Mibray était toute vêtue de noir, bien qu'elle eût déclaré qu'elle ne porterait point le deuil de M. de Maugeville et bien que celui de son mari fût fini.

M. de Villenave ému s'approcha pour lui baiser la main.

— Mais elle l'arrêta en chemin, d'un geste, en lui montrant un fauteuil.

Monsieur de Villenave, dit-elle, nous avons à causer de choses sérieuses

— Madame.... balbutia-t-il.

En même temps, il essayait de se réconforter en se disant tout bas :

— Elle aime la mise en scène. Elle va m'accorder solennellement sa main.

Il prit le siége qu'elle lui indiquait, s'assit et attendit.

— Monsieur de Villenave, dit la baronne d'une voix lente et calme, avant de parler de l'objet de votre lettre de ce matin, laissez-moi vous faire une question.

— Parlez, madame.

— Vous connaissez plusieurs femmes de théâtre?

Il tressaillit ; mais en même temps il se rassura.

— Elle va me faire quelque scène de jalousie, pensait-il, j'aime mieux ça.

— Je les connais à peu près toutes, dit-il.

— Alors vous connaissez Pauline Régis?

Il pâlit légèrement à ce nom.

— Oh! fort peu, dit-il.

— Cependant, vous aviez songé à vous en servir comme d'un instrument.

— Moi ?

— En la donnant pour maîtresse à Manuel de Maugeville, acheva froidement la baronne.

M. de Villenave sentit ses cheveux se hérisser. Cependant il appela à lui toute son audace.

— Je vois d'où part cette infâme calomnie, dit-il.

— Ah! c'est une calomnie?

— Une calomnie infâme! ou plutôt non, c'est un chantage abominable!

Et M. de Villenave donna alors toutes les marques d'une violente indignation.

— Qui donc veut vous faire chanter? demanda froidement la baronne.

— Cette misérable créature, cette Pauline Régis qui s'était affolée de ce pauvre Manuel, et qui, sans moi...

— En vérité!

— Cette drôlesse, poursuivit M. de Villenave, qui crut que la baronne était disposée à le croire; cette drôlesse a eu l'audace de m'écrire.

— Quand?

— Il y a huit jours.

— Pourquoi?

— Pour me demander un service. Ses meubles étaient saisis... elle allait être vendue... elle avait besoin de trente mille francs... j'ai refusé, et alors...

— Alors?

— Elle s'est vengée, sans doute, en vous écrivant un tissu de mensonges odieux.

— Mais, dit la baronne, cette lettre qu'elle

vous a écrite, à vous, en vous demandant trente mille francs...

— Eh bien?

— L'avez-vous?

— Je l'ai anéantie.

— Vous avez eu tort; car, comment vais-je pouvoir vous croire?

M. de Villenave parut alors en proie à un véritable désespoir.

— Mon Dieu! dit-il, pourquoi ne permettez-vous pas que les morts reviennent?

— Et s'ils revenaient, que feraient-ils? demanda la baronne avec calme.

— Ce qu'ils feraient? reprit Villenave en élevant la voix. Si Maugeville pouvait sortir de sa tombe, il vous dirait, madame, que j'étais son meilleur ami et que j'étais incapable...

M. de Villenave n'acheva pas.

Une porte s'ouvrit à deux battants dans le fond du salon, et la voix du vieux Jean annonça :

— Monsieur de Maugeville!

Et M. de Villenave, éperdu, frémissant, vit apparaître Manuel s'appuyant sur l'épaule de Pauline Régis.

Et comme il reculait, épouvanté de cette apparition, Manuel regarda Pauline et lui dit :

— Mais dites donc à cet homme qu'il a menti!...

M. de Villenave fut pris alors d'une si grande

épouvante, qu'il voulut s'élancer vers la porte et fuir.

Mais le vieux Jean lui barra le passage et se plaça devant la porte :

— Oh! pas encore, dit-il, ce n'est pas fini !

XII

M. de Villenave était d'une pâleur livide. Jamais bête fauve prise au piége ne poussa un semblable rugissement.

Mais aussi, le masque d'hypocrisie que cet homme avait mis sur son visage se détacha.

Le cynisme éclata tout à coup sur ce front pervers, l'audace revint dans ces yeux épouvantés.

— Ah! ah! fit-il, M. de Maugeville n'est pas mort! Mille compliments, mon très cher.

Et, essayant de payer d'audace, il s'adressa à la baronne d'une voix qu'il essayait de rendre dédaigneuse :

— En vérité, madame, dit-il, puisque M. de Maugeville revient de l'autre monde ou de celui-ci (peu importe, du reste), vous n'aviez pas besoin d'imaginer cette comédie et cette mesquine querelle à propos de cette fille que je m'étonne de voir chez vous.

Il désignait Pauline du doigt.

La baronne demeura impassible.

— Je n'ai qu'à me retirer, madame, dit-il avec un accent de sourde ironie, en vous souhaitant, à M. de Maugeville et à vous, mille prospérités.

Et une fois encore, il voulut marcher vers la porte.

— Restez ! dit la baronne.

Sa voix était brève, son geste impérieux.

M. de Villenave eut un ricanement sauvage.

— Voudriez-vous, par hasard, dit-il, me rendre témoin de votre bonheur ?

— J'ai besoin que vous restiez, dit-elle.

— Et si je ne le veux pas, moi ?...

En ce moment, cet homme oubliait jusqu'à son éducation première.

La fureur, le dépit le dominaient.

— Vous resterez, dit la baronne, car j'ai à vous parler de votre oncle.

M de Villenave recula d'un pas.

— Mon oncle ! dit-il, mon oncle !

— Oui, votre oncle, qui est mort assassiné.

— Vous êtes folle ! dit-il d'une voix sourde, mon oncle s'est tué à la chasse.

— Je le croyais hier, dit froidement la baronne.

Et parlant ainsi, elle appuya le doigt sur un timbre qu'elle avait à portée de sa main.

A ce bruit, cette porte qui déjà avait livré passage à M. de Maugeville et à Pauline, cette porte s'ouvrit de nouveau.

Un homme entra.

Ce fut pour M. de Villenave la tête de Méduse.

Il tomba sur ses genoux en murmurant :

— Les morts reviennent!

— Et l'échafaud se dresse pour les coupables! cria le vieux Jean.

La baronne se leva, calme, hautaine, un éclair dans les yeux.

Elle marcha droit à M. de Villenave avec la majesté d'un juge suprême :

— Monsieur de Villenave, dit-elle, vous avez dans les veines quelques gouttes du sang des Planche-Mibray, et c'est bien heureux pour vous.

Écoutez-moi, monsieur, écoutez-moi bien, car l'heure est solennelle. L'échafaud vous attend, et cependant je veux vous l'épargner. Je ne veux pas que le nom de l'homme dont je vénère la mémoire passe à l'état de cause célèbre. Il est des heures où les assassins sont placés si étrangement que c'est frapper de nouveau leur victime que les livrer à la justice.

Voyez ce portefeuille. Il contient cent mille francs.

Jean va le prendre.

Vous monterez avec lui dans une chaise de poste.

Jean vous accompagnera jusqu'au Havre.

Là vous prendrez passage sur un navire de la Compagnie des Indes, et vous quitterez la France pour n'y jamais revenir.

Au moment de votre départ, Jean vous remettra les cent mille francs.

Maintenant, monsieur, ajouta la baronne, contre un homme tel que vous, il est nécessaire de prendre ses précautions.

Vous pourriez assassiner Jean, le voler et ne point partir.

J'ai prévu le cas. Jean m'enverra des télégrammes d'Auxerre, de Paris et du Havre.

Si dans cinq heures, je n'en ai pas reçu un de lui daté du Havre et m'annonçant votre embarquement, je dépose au parquet d'Auxerre la déposition écrite de cet homme.

Et elle montrait Michel.

M. de Villenave était anéanti.

— Sortez maintenant, acheva la baronne en lui montrant la porte du doigt.

— Allons, venez, dit Jean en le prenant par les épaules ; si vous restiez plus longtemps ici, le feu céleste finirait par tomber sur nous !

M. de Villenave sortit poussé par le vieux valet.

Sur son passage, il trouva tous les domestiques formant la haie et le regardant avec mépris.

Il courba la tête et des larmes de rage jaillirent tout à coup de ses yeux.

Jean l'emmena ainsi jusque dans la cour.

La chaise de poste avait été sortie de la remise et les chevaux étaient garnis.

Il n'y avait plus qu'à les atteler.

— Joseph, cria Jean au cocher, es-tu prêt à emmener M. de Villenave?

— Je crois bien, répondit le cocher. C'est un bon débarras !

Jean entra dans l'écurie, laissant M. de Villenave dans la cour.

Mais avant de le quitter, il lui dit avec ironie :

— Vous n'êtes pas homme à laisser perdre cent mille francs et je sais bien que vous ne vous en irez pas.

Tandis que Jean aidait le cocher à brider ses chevaux, M. de Villenave, fou de rage, murmurait :

— J'aurais dû tuer cette femme.

Mais M de Villenave n'avait pas d'arme.

Tout à coup, il lui sembla qu'un bruit étrange arrivait à ses oreilles ; un hurlement plutôt qu'une plainte.

Et ce hurlement partait de derrière une porte basse voisine de celle des écuries.

M. de Villenave prêta l'oreille.

Les hurlements arrivaient distincts à son oreille, et il reconnut une voix de femme.

Alors, obéissant autant à un vague instinct qu'à un besoin impérieux de faire diversion à sa situation honteuse et terrible, il se précipita vers cette porte.

La clef était sur la serrure. Il ouvrit.

Dans un coin de cette salle basse qui avait été jadis une écurie pour les chevaux de chasse, M. de Villenave aperçut une masse informe qui se tordait convulsivement.

Il s'approcha et reconnut une femme.

C'était la bohémienne Dolorès qui avait les pieds et les mains liés, et à qui on avait assigné l'ancienne écurie pour prison.

La bohémienne semblait en proie à une folie furieuse :

— Ah ! si je pouvais me délier... je la tuerais !

M. de Villenave s'approcha et repoussa la porte sur lui.

— Silence ! dit-il.

La bohémienne le reconnut et se tut.

— Qui donc tuerais-tu ? demanda M. de Villenave.

— La baronne.

— Avec quoi ?

— Avec un poignard qu'ils ont négligé de m'enlever, les imbéciles !

— Eh bien ! attends.... dit M. de Villenave.

Et il se baissa et se mit à dénouer les cordes qui retenaient Dolorès prisonnière.

A mesure que ses liens tombaient, Dolorès disait :

— J'ai un poignard malais sous ma robe. La pointe en est empoisonnée.

— Ah ! ah ! ricanait M. de Villenave avec un accent féroce.

Enfin Dolorès fut libre et se trouva sur ses pieds.

— Eh bien ! va ! dit Villenave, elle est dans le grand salon.

Mais soudain la bohémienne bondit jusqu'à lui.

— Elle après, dit-elle, toi d'abord, car c'est toi qui as tué Munito.

Et elle le frappa en pleine poitrine.

M. de Villenave poussa un cri, mais il ne tomba pas ; il se rua, au contraire, tout sanglant sur Dolorès, lui arracha le poignard et la frappa à son tour.

Au bruit de cette lutte, aux hurlements furieux qu'ils poussaient tous deux, on accourut.

Jean et le cocher arrivèrent les premiers.

M. de Villenave était parvenu à renverser Dolorès sous lui et il la criblait de coups de stylet. Mais celui qu'il avait reçu avait été bien dirigé, car au moment où les gens du château s'apprêtaient à s'emparer de lui, il s'affaissa lourdement sur le corps de Dolorès expirante, vomit une gorgée de sang, vociféra un dernier blasphème et rendit le dernier soupir.

— Madame la baronne avait pardonné, dit Jean; mais Dieu a laissé retomber son bras vengeur!

. . . .

ÉPILOGUE

I

Ce drame, commencé dans le sang, dénoué dans le sang, devait avoir l'échafaud pour conclusion.

Fanfreluche et Michel s'étaient livrés eux-mêmes à la justice : le premier comme forçat en rupture de ban, le second comme le véritable assassin de Corinne Destremont.

M. de Maugeville, parti pour Paris en toute hâte, avait obtenu la grâce du vieux forçat.

Mais Michel comparut, avec sa mère et ses frères, devant la cour d'assises de l'Yonne.

Tous quatre furent condamnés à mort.

Les jurés voulurent signer un recours en grâce en faveur de Michel.

Il les supplia de n'en rien faire.

— Je me suis repenti, dit-il. Si j'allais au bagne, peut-être redeviendrais-je méchant !

Tous quatre montèrent sur l'échafaud le même jour.

Jean et Simon donnèrent quelques marques d'effroi.

Seule, la vieille Balthasar regarda le couperet sans pâlir, et vit mourir ses enfants l'un après l'autre sans se départir de son cynisme.

Elle passa la dernière, et dit en se livrant aux exécuteurs :

— C'est égal, on ne dira pas que je laisse des orphelins.

Michel était mort le premier.

Jusqu'à la dernière minute, il tint collé sur ses lèvres le crucifix que lui présentait l'aumônier chargé de le conduire au supplice.

Au moment où les exécuteurs s'emparaient de lui, il jeta un long regard sur la foule immense qui entourait l'échafaud, et parmi cette mer de têtes, il aperçut et reconnut la Bréhaigne.

La vieille femme avait tenu parole ; elle était venue voir mourir Claire Balthasar ; et comme Michel la regardait, elle leva la main et lui montra le ciel !

. . . .

II

Et Pauline Régis ?

Quelquefois, en été, vers neuf ou dix heures du soir, si vous allez au bois de Boulogne, du côté de Saint-James, vous verrez une charmante villa dont les murs sont couverts de lierre et dont le jardin est planté de grands et beaux arbres.

Si vous jetez un regard indiscret au travers des grilles, vous apercevrez dans ce jardin une jeune femme au front pâle, au sourire mélancolique, mise avec une exquise simplicité.

C'est Pauline, Pauline devenue une grande comédienne; Pauline qui a demandé à l'art ces consolations suprêmes que d'autres vont chercher dans les bras de Dieu.

Pauline n'a pas d'amant; elle ne veut pas de mari.

Bien des hommes jeunes, riches, considérés ont recherché sa main.

— Je ne veux avoir qu'un maître et qu'une adoration : mon métier.

Presque tous les jours, à cette heure fashionable qu'on appelle l'heure du bois, un fringant équipage s'arrête à la porte de sa villa.

Une femme jeune comme Pauline et belle comme elle en descend, donnant la main à un joli bébé de trois ans, aux cheveux bouclés et aux lèvres roses.

Les deux jeunes femmes se tendent les bras; l'enfant, qui se nomme Paul, se jette au cou de la belle actrice en l'appelant « ma marraine » La visiteuse, vous l'avez deviné, n'est-ce pas? s'appelait autrefois la baronne de Planche-Mibray.

Elle se nomme aujourd'hui madame de Maugeville, et la grande dame et la co édienne s'aiment comme deux sœurs.

FIN

LA MULE DE SATIN

I

Laurent de L... était pour moi un de ces amis vers lesquels nous entraîne une sympathie irréfléchie.

C'était un garçon de vingt-huit ans à peine, brun et pâle, d'une grande distinction de manières, un peu triste, un peu rêveur, allant assez dans le monde, y valsant seulement, n'y jouant point, écoutant beaucoup, parlant peu.

Laurent n'était cependant ni un misanthrope ni un homme poursuivi par quelque souvenir poignant. Les faces saillantes de son caractère étaient des *prédispositions* bien plutôt que des conséquences.

La dernière fois que je le vis, il était même

d'une charmante humeur; nous sortions ensemble, à trois heures du matin, de chez madame de B..., aux Champs-Élysées, qui recevait tous les mercredis. Nous revînmes à pied par les boulevards, à la double clarté du gaz et de nos cigares, causant comme des étudiants attardés qui s'en retournent, la tête chaude, des ombrages du Château-Rouge.

Nous nous serrâmes la main au coin de la rue du Helder, et chacun de nous rentra chez lui.

Huit jours après, la tempête de Février éclata.

Tous ceux qui liront ces lignes se souviennent parfaitement de ces jours funestes de Février et de Juin où les rues de Paris furent transformées en champ de bataille; on sait comment, après le combat et à travers les barricades encore fumantes, on courait chez ses amis et ses proches, chez une mère qui logeait fort loin de vous, chez une amie qu'on avait quittée à la sortie de l'Opéra et qu'on retrouverait peut-être frappée d'une balle qu'elle serait allée chercher, la curieuse et la folle, entre deux pelotons d'insurgés.

Dès le 25 février, je sonnais à la porte de Laurent; la porte demeura close. J'appris qu'il était parti le matin même pour un voyage dont il n'avait annoncé ni le but ni la durée.

L'été s'écoula. L'hiver suivant, quelques salons

se rouvrirent; j'y cherchai vainement Laurent. Tout ce que je pus savoir, c'est qu'il avait fait une partie de ses études avec un prince de la maison d'Orléans, et, chose que j'ignorais jusque-là, qu'il avait conservé avec lui des relations de camaraderie et de bonne amitié. J'en conclus qu'il avait suivi en exil la maison royale déchue.

Je me trompais. Un soir, quelques mois après, je le rencontrai sur le boulevard. Il était plus pâle que je ne l'avais vu; son front creusé de rides légères, son œil morne, son attitude sombre indiquaient un homme dans la vie duquel un drame a passé.

Il me serra silencieusement la main, hésitant à s'arrêter une minute. Je le retins, et il lut sans doute dans mon regard toute l'amitié que je lui avais vouée.

— Je suis déménagé, me dit-il.

— Je le sais, répondis-je, car je vous ai cherché bien des fois, et je ne vous croyais point à Paris.

— Je ne l'ai quitté que quinze jours.

— Pourquoi donc, dis-je vivement, n'êtes-vous pas venu?...

Il m'interrompit :

— Je vous entends; je ne suis point allé vous voir parce que j'étais malheureux, et que le pire des supplices est de montrer ses plaies quand elles sont fraîches encore. Mais je vous rencontre, vous me serrez la main, je sens que vous êtes mon ami, quoique vous n'ayez jamais pris ce titre; je veux tout vous dire.

Nous montâmes en voiture. Laurent se fit conduire à l'extrémité de Paris, rue de l'Ouest, dans un quartier perdu où il avait trouvé un jardin solitaire, et au fond de ce jardin un pavillon qu'il habitait avec un seul domestique.

— Tenez, me dit-il avec un sourire amer, lorsque nous fûmes installés au coin du feu, il y a à Paris cinquante romanciers et trois cents auteurs dramatiques qui se creusent la tête pour inventer des drames impossibles. En voici un plus invraisemblable que ceux qu'ils enfantent, — et cependant il est vrai, je l'ai vu, j'ai été acteur, et vous devez comprendre à la pâleur de mon visage que je ne vous fais point un conte.

Voici l'histoire de Laurent :

II

Le nom que je porte, me dit-il, et nos relations communes dans le monde me dispensent de vous dire que ma famille était royaliste et que je l'étais moi-même. Mais une vieille amitié de collége m'unissait à un prince de la maison d'Orléans, et le 24 février au soir, je mis mon domestique à cheval, avec l'ordre de courir après les royaux exilés et de remettre à ce prince le billet suivant :

« Monseigneur,

« Refuserez-vous à celui que vous appeliez votre ami, il y a deux jours encore, le droit d'invoquer ce titre, et la permission de vous suivre sur la terre d'exil? »

Douze heures après, je partais moi-même en chaise de poste. J'avais pris ce délai indispensable pour arranger quelques affaires de famille et écrire à ma mère qui habite la Vendée militaire.

Vous savez que pendant plusieurs jours le sort de la maison royale demeura inconnu. Selon les uns, elle avait pris la route du Nord pour s'embarquer à Calais; selon les autres, elle était à Eu.

J'ajoutai foi à cette dernière version, et sur les traces de mon domestique, je courus à travers la Normandie.

Le roi n'était plus à Eu. Je poussai une journée encore, et me trouvai, vers le soir, sur les limites de l'ancienne Bretagne, à cinq ou six lieues du mont Saint-Michel. Je demandai des chevaux frais; il n'y en avait plus au relais de poste. Force me fut de séjourner quelques heures dans une méchante hôtellerie, et d'y attendre le retour des postillons. Je passai la nuit au coin du feu, enveloppé dans mon manteau, et en compagnie d'un valet d'écurie qui sommeillait sur son escabeau et ne desserra point les dents.

Au point du jour, le galop d'un cheval retentit sur la route et vint s'arrêter à la porte de l'auberge. Un brigadier de gendarmerie mit pied à terre, entra précipitamment dans la salle où je me trouvais et vint à moi sans nulle hésitation.

— Vous êtes M. de L...? me demanda-t-il.

— Oui, répondis-je. Que me voulez-vous?

— Votre domestique a été arrêté, dit-il vivement, par une bande de mauvais sujets du pays voisin, et on vous réserve un fort méchant accueil.

— Que faut-il faire? demandai-je froidement.

— C'est le maire de C... qui m'envoie vers vous, avec le conseil de rebrousser chemin aussitôt. — ou, ce qui serait plus prudent encore, de vous éloigner des côtes et de gagner l'intérieur. Une fois en Bretagne, vous feriez bien de vous arrêter au premier château que vous rencontrerez. En Bretagne, voyez-vous, ajouta le gendarme avec un sourire, quand on se nomme M. de L... et qu'on est le petit-fils d'un chouan comme le *marquis rouge*, on est bien reçu partout.

Je remerciai chaleureusement le gendarme, il pressa la main que je lui tendais, et me dit :

— Je suis du Bocage, moi, et je vous ai vu bien souvent quand vous étiez jeune. Ne me remerciez pas, c'est inutile ; mais prenez mon cheval, qui est frais encore, et galopez vers le pays de Tréguier.

Dix minutes après j'étais à cheval et courais à fond de train, par un chemin de traverse, vers le pays de Tréguier, qui n'était distant que de quelques lieues.

J'étais seul, une paire de pistolets dans mes fontes, mon chapeau rabattu sur mes yeux.

La route que je suivais était isolée et encaissée, a peu près partout, par ces grandes haies bretonnes qui furent, au temps de la chouannerie, converties en créneaux et en remparts. Parfois je traversais une forêt rabougrie, dont les arbres dépouillés craquaient au-dessus de ma tête avec un bruit lugubre; le plus souvent, je foulais une de ces vastes landes incultes au milieu desquelles on n'aperçoit qu'une hutte solitaire de berger et un chasseur de renards.

Le ciel était triste et bas, je ne rencontrais personne a qui demander mon chemin, mais j'allais devant moi, appuyant toujours au sud-ouest, et me laissant gagner par cette inconcevable mélancolie qui n'appartient qu'à la terre bretonne.

Vers quatre heures environ, je m'arrêtai, épuisé de fatigue, et pour faire reposer mon pauvre cheval, qui ruisselait, à la porte de la première maison que j'eusse encore rencontrée. C'était une ferme, adossée à un coteau au bord d'une prairie jaunie par l'hiver et non loin d'un grand bois de châtaigniers.

Une petite rivière coulait entre la forêt et la prairie, qu'un pont de troncs d'arbres, couverts de terre, mettait en communication.

La ferme avait une apparence aisée; on labourait alentour; un gros troupeau, en excellent état, couvrait la prairie; une vache et son veau se promenaient gravement au bord de la rivière;

une pouliche de deux ans trottait et galopait en liberté à travers les guérets.

Au bruit que je fis, la porte de la ferme s'ouvrit et une femme parut sur le seuil.

Elle était vêtue en paysanne, ses pieds étaient chaussés de sabots; mais elle était si merveilleusement belle, si blanche et si pâle, malgré l'air des champs, que je tressaillis et étouffai à grand' peine un cri d'admiration.

Elle pouvait avoir vingt-huit ans, mais elle ne les paraissait que lorsqu'on remarquait sur son angélique et beau visage les traces d'une longue souffrance, souffrance inconnue et dérobée à tous, souffrance qui avait dû être bien poignante, car il y avait sur ses lèvres le sourire des martyrs.

Je crus voir une femme du monde déguisée en paysanne, l'héroïne d'un sombre roman qui était venue chercher en ce coin perdu de la Bretagne un peu de calme pour son cœur meurtri.

L'illusion s'envola bien vite, car elle me demanda en bas-breton ce que je désirais. La femme du monde, l'héroïne de roman venaient de s'évanouir; restait une fermière bretonne admirablement belle, et qui avait eu peut-être sa tragédie amoureuse avec un don Juan en sabots. Peut-être encore était-ce une mère pleurant son premier-né?

Je demandai l'hospitalité. Elle appela un valet

de ferme, lui confia mon cheval et me dit ensuite :

— Voulez-vous venir vous chauffer, monsieur? Il fait froid, et quand on a cheminé un long jour à travers la lande, on a faim.

Sa voix avait une harmonie céleste, et dans sa bouche le rude langage armoricain revêtait certaines nuances d'une mélancolie suave qui pénétraient le cœur d'un charme et d'un trouble inconnus.

Je la suivis. Elle me conduisit dans la cuisine, le lieu de réunion forcé de toutes les maisons des champs : le feu flambait, la marmite de fer murmurait et clapotait au-dessus.

Au coin de l'âtre, un grand vieillard aveugle paraissait rêver tristement quand j'entrai.

— Mon père, dit la fermière, voici un étranger qui demande l'hospitalité.

Le vieillard se leva aussitôt et porta la main à son bonnet de laine ; puis il demanda en langue armoricaine :

— Est-ce un Breton?

— C'est un monsieur qui vient de Paris, répondit-elle.

Le vieillard me salua une seconde fois, et me dit en bon français :

— Veuillez vous asseoir, monsieur ; le toit de

Kerden est ouvert à tous ceux qui sont las, ont froid et faim.

Je regardai le vieillard avec attention. C'était un paysan grossièrement vêtu comme sa fille, mais d'une martiale et noble figure, comme en ont nos pères, les gentilshommes du règne de Louis XV, dans leurs cadres enfumés.

Il y avait dans le visage de cet homme un type de beauté, une sévérité correcte de lignes qui m'etonnèrent. On eût dit le dernier marquis de l'ancien régime.

— Nous sommes pauvres, monsieur, poursuivit-il lorsqu'il me sentit assis près de lui ; nous ne sommes plus que des paysans, et c'est une maigre hospitalité que celle que nous vous offrons; mais telle qu'elle est, acceptez-la : elle est donnée de bon cœur.

Je trouvai quelques mots de gratitude pour remercier le vieillard, et presque aussitôt il rentra dans son mélancolique silence, semblant écouter la voix lointaine du passé, ce mourant écho qu'aiment les vieillards.

Presque aussitôt la fermière trouva un prétexte et s'eloigna de moi. On eût dit que l'attention avec laquelle je la regardais la troublait et la blessait.

La nuit venait à grands pas; déja la prairie, les champs, la forêt étaient dans l'ombre; le coteau, auquel la ferme s'adossait, était seul encore effleuré des dernières clartés du jour.

Les troupeaux revenaient en remuant leurs clochettes fêlées et monotones, les bouviers rentraient poussant devant eux deux attelages de ces grands bœufs blancs et roux que chantent les poëtes rustiques : la pouliche et la vache, abandonnant toutes deux le bord de l'eau, regagnaient l'étable, l'une avec son pas lent et cadencé, l'autre au galop, comme une jeune folle qu'elle était, avec sa robe d'ébène et son étoile blanche au front.

Je voyais tout cela par la porte, demeurée entre-bâillée, et je me laissais aller à ce charme de la vie des champs que nul ne peut définir et redire, et qui séduit les natures les plus positives.

Les bouviers s'étaient arrêtés au bord de la prairie et causaient avec les deux bergers, un dindonnier survint à la tête de son noir troupeau; le cercle rustique s'agrandit, et j'entendis qu'on parlait, avec cette curiosité naturelle chez les villageois, de mon arrivée et du but présumé de mon voyage.

— C'est pour sûr un beau monsieur de Paris qui s'en va à Pleuc, disait un bouvier en bas-breton.

— Il paraît qu'on va marier la demoiselle du

seigneur de Ploërnec, hasarda timidement un pâtre.

— Tais-toi, gars, répondit brusquement le bouvier. Le maître nous entend d'ici, et tu sais bien que prononcer le nom de Ploërnec devant lui, c'est le mettre en colère.

Cette réponse du bouvier et ce nom de Ploërnec attirèrent mon attention. J'avais connu à Paris, l'hiver précédent, un certain baron de Ploërnec, veuf et ayant une fille de quatorze à quinze ans. Je me souvenais parfaitement qu'il était Breton, et passait d'ordinaire l'été dans ses domaines patrimoniaux.

Maintenant, pourquoi ne fallait-il point prononcer son nom aux oreilles du maître? C'était la ce que je voulais savoir, et je m'apprêtais à écouter ce qu'allaient dire les valets, quand deux hommes apparurent subitement au coin de la haie qui clôturait le potager de la ferme, et que longeait le sentier descendant du coteau.

Ils étaient tous deux de haute taille, vêtus tous deux de la veste et des brayes bretonnes, du large chapeau rond et des guêtres de cuir montantes comme en ont les chasseurs qui courent les broussailles de la lande.

Ils portaient l'un et l'autre la carnassière au dos et le fusil sur l'épaule. Une vague ressemblance existant entre eux, bien qu'il y eût au moins une dizaine d'années de différence, attestant qu'ils étaient frères.

Le premier était un homme de trente-cinq à trente-six ans, brun, hâlé, aux traits durs, caractérisés. Il y avait dans son regard et dans toute sa physionomie une expression de tristesse menaçante et sombre qui me frappa, comme m'avait frappé déjà le visage si beau, si mélancolique de la fermière et la noble tête de son père.

Le second pouvait avoir vingt-cinq ans. Il était blond, comme son frère était brun, ses traits étaient doux et un peu féminins, son œil bleu répandait plus de mélancolie indécise que de réelle tristesse ; s'il ressemblait vaguement à son frère, il ressemblait aussi à la fermière qui était leur sœur.

Ils passèrent devant les pâtres et les bouviers avec cette fierté sans morgue qui caractérise les fermiers de la Normandie et de la Bretagne qui tiennent à *garder leur rang*, et ils franchirent le seuil de la ferme.

A ma vue, tous deux s'arrêtèrent, et l'aîné fronça légèrement le sourcil, en vrai sauvage à qui l'aspect d'un costume étranger est desagréable. Le vieillard reconnut leur pas et leur dit aussitôt :

— Jean, Yvon, voici un étranger qui vient de Paris et nous fait l'honneur de s'arrêter ici.

Saluez-le, mes enfants, et qu'il soit le bienvenu sous le dernier toit des Kerden.

Les deux frères me saluèrent avec dignité, comme des gentilshommes des siècles passés auraient salué leur hôte dans la grande salle de leur manoir.

Puis ils accrochèrent leurs fusils au-dessus du manteau de la cheminée et se vinrent asseoir près de moi, tandis que leurs chiens, deux superbes animaux de race écossaise, s'allongeaient sur la plaque chaude du foyer.

La fermière reparut. Elle vint à ses frères, qui la baisèrent au front tous deux. Seulement il me sembla que le plus jeune avait pour elle une sorte de respect que ne lui témoigna point son frère Jean.

Il régnait autour de moi un parfum de mystère qui piqua ma curiosité. Je me promis d'avoir la clef de cette énigme de tristesse que je voyais répandue sur tous ces visages de paysans, alors que chez eux on respirait l'aisance fermière, l'abondance du laboureur.

— Mon père, dit Jean tout à coup, en bas-breton, langue qu'il supposait sans doute que je n'entendais point, il me faut prononcer devant vous un nom désagréable à l'oreille d'un Kerden.

Le vieillard aveugle tressaillit.

— Que veux-tu dire?

— Je veux parler de Ploërnec.

— Maudit soit Ploërnec et sa race, dit rudement le vieillard; à l'exception de ceux de la race qui ont Kerden pour ancêtre.

— Ploërnec, continua Jean, le sombre chasseur, marie sa fille dans quinze jours.

Le vieillard fit un soubresaut; je vis une pâleur livide envahir le visage d'Yvon, et un cri étouffé échappa à la fermière.

— Avec qui? demanda le vieux Kerden frémissant.

— Je ne sais pas, dit Jean; c'est un monsieur de Paris qui doit arriver ce soir ou demain.

Tous les regards se fixèrent aussitôt sur moi; je compris que l'on se méprenait et je dis avec empressement :

— Vous vous trompez; je vais à Ploërnec, chez le baron, mais j'y vais pour affaires et je ne sais rien de ce mariage.

— Ah! demanda le vieillard, vous allez à Ploërnec?

— Oui, répondis-je, et il faut que j'y sois ce soir. Aussi vous demanderai-je après souper un garçon de ferme pour me conduire.

— Je vous conduirai, moi, dit Jean en m'examinant avec défiance.

Ce regard me donna lieu de penser qu'il suffisait que j'allasse à Ploërnec pour être mal vu à la ferme. Quelle haine sourde existait-il donc entre la ferme et le château?

Je me promettais de le savoir, et c'était pour cela qu'à tout hasard, j'avais dit que j'allais à Ploërnec. Je connaissais à peine le baron, mais j'étais assuré de trouver chez lui cette hospitalité de plusieurs jours qui m'était nécessaire pour me mettre à l'abri d'une arrestation. La République commençait, savais-je si elle n'hériterait point des mœurs sanglantes de son aïeule la Terreur?

— Est-ce que vous connaissez Ploërnec? reprit le vieillard dont la voix devint non moins défiante que celle de son fils.

— A peine, répondis-je : J'ai vu le baron à Paris dans le monde ; je me rends chez ma mère, en Vendée, et je suis chargé pour le baron d'un message assez pressé.

— Êtes-vous Vendéen? fit Jean dont le visage se rasséréna un peu.

— Je me nomme Laurent de L..., répondis-je, je suis le petit-fils du marquis rouge.

Ces deux noms produisirent un effet magique sur les trois visages que le nom de Ploërnec avait assombris. Ils redevinrent calmes, presque souriants, et le vieillard me dit :

— Puisque vous êtes le petit-fils du marquis rouge, l'ami, le frère d'armes de mon père, on peut parler devant vous, quoique vous alliez chez Ploërnec.

— Je vous l'ai dit, me hâtai-je d'ajouter; je connais à peine le baron.

— Ah! fit amèrement le vieux Kerden; il est donc baron, maintenant?

— Depuis la Restauration.

— Il fut un temps, reprit le vieillard, où les Ploërnec étaient de pauvres seigneurs et se trouvaient honorés de manger à la table des Kerden.

A mon tour, je fis un si brusque mouvement, que le vieillard devina ma surprise et continua:

— Tels que vous nous voyez, monsieur, nous sommes gentilshommes, et de la vieille et bonne roche, croyez-moi. Les d'Avaugour et les Dreux nous appelaient *cousins* et nous avions notre banc au parlement de la noblesse bretonne, quand les Ploërnec n'étaient que des serfs et des manants.

— Allons! mon père, interrompit Jean avec dureté, laissez là vos réminiscences et vos plaintes; les Ploërnec étaient paysans, ils sont devenus riches depuis un siècle et ce sont de grands seigneurs aujourd'hui; les Kerden étaient puissants et nobles, ils sont devenus pauvres et ce ne sont plus maintenant que des paysans. Mais ils ont de quoi manger, ils sont toujours gentilshommes. Qu'importe le reste?

— Ce sont les Ploërnec qui ont ruiné les Kerden ! murmura le vieillard d'une voix sombre.

— Les Ploërnec et les Kerden d'alors sont morts, grommela Jean, et ce n'est point d'eux qu'il s'agit. Ploërnec marie sa fille, voilà ce que je voulais vous dire.

— Puisse-t-elle être heureuse ! fit le vieillard avec émotion.

Je cherchais des yeux la fermière et je la vis pâle et muette, de grosses larmes dans les yeux, au coin le plus sombre de la cuisine que n'éclairaient plus, car il était nuit, que les reflets rouges de l'âtre.

Puis mon regard se reporta sur Yvon, le plus jeune fils du vieux Kerden, et je le vis, pâle de nouveau, l'œil chargé de colère et les poings crispés.

— Mon père, reprit Jean, savez-vous que c'est votre petite-fille à vous, et notre nièce à tous trois ?

— Je le sais. Eh bien.

— Eh bien ! on la marie à Paris, et c'est le dernier lien qu'elle ait avec nous que l'on brise ainsi.

— Sa mère est morte, murmura le vieillard dont la voix se voila soudain de sanglots ; son père est le maître. Que pouvons-nous faire ?

— Je m'y opposerai, moi, dit Jean dont l'œil

se dirigea avec une expression farouche vers son fusil.

Alors la fermière s'approcha de lui.

— Jean, dit-elle, c'est la fille de notre sœur; son père doit être sacré.

Mais Yvon se leva à son tour, livide de colère.

— Si Ploërnec mourait, dit-il, Rose nous serait rendue ! elle ne serait plus que Kerden.

— Enfants ! cria le vieillard avec autorité, taisez-vous ! Ploërnec est libre de marier sa fille comme il l'entend. Pauvre petite Rose, ajouta-t-il, tandis que deux grosses larmes roulaient le long de ses joues ridées, elle ne viendra plus ici, le soir, prendre ma main dans les siennes... elle ne viendra plus tendre son front... elle ne viendra plus...

J'entendis un sanglot derrière moi, et me retournant, j'aperçus la fermière, qui s'appuyait, défaillante, à un bahut.

Yvon courut à elle :

— Petite sœur, dit-il, elle ne partira pas, je te le promets... Je tuerai Ploërnec plutôt...

Ni Jean, ni le vieillard n'étaient assez près pour entendre les paroles d'Yvon, dont, moi, je ne perdais pas un mot. La fermière répondit tout bas :

— Je ne veux pas! je ne veux pas! je veux qu'elle soit heureuse!

— Mais tu ne le connais pas, toi, celui qui...

La pâleur d'Yvon augmentait en parlant ainsi.

— Peut-être l'aimera-t-elle.

Yvon appuya la main sur son cœur.

— Tu me fais mal, dit-il; ne parle point ainsi, petite sœur.

— Allons, enfants, dit soudain le vieillard, voici l'heure du souper. Yvonnette, dresse la table et appelle les bouviers. D'ailleurs, voici M. de L... qui a fait une longue course et doit avoir faim.

J'avais remarqué que le vieux Kerden s'adressait ordinairement en français à son fils Jean, qui lui répondait dans la même langue, tandis qu'il ne parlait jamais qu'en bas-breton à sa fille et à son jeune fils.

Pendant que je cherchais l'explication de ce nouveau mystère, les valets de ferme entrèrent et prirent place au bas bout de la table. Le haut bout, selon le vieil usage féodal, était réservé aux maîtres.

Le repas fut silencieux. Yvonnette seule adressa quelques mots indispensables à une fille de ferme qui l'aidait dans le service, et toujours en bas-breton, ce qui me donna lieu de penser qu'elle ne savait point le français.

Vers la fin du repas, Jean me dit :

— Je vais faire seller votre cheval, et je vous accompagnerai jusqu'à un quart de lieue de Ploërnec. Il fera clair de lune, et quoique les chemins soient mauvais, vous y serez dans deux petites heures.

Jean donna des ordres, et on brida ma monture.

— Monsieur de L..., me dit alors le vieillard, votre grand-père le marquis rouge, de vaillante mémoire, était l'ami de mon père; votre père et moi avons bravement combattu tout jeunes, à leur côté, au temps de la chouannerie. Laissez-moi vous exprimer la satisfaction que j'éprouve de vous avoir reçu sous le toit de la dernière propriété des Kerden, et le regret que je ressens de vous en voir partir aussi vite.

— Je m'arrêterai quelques jours à Ploërnec, monsieur de Kerden, répondis-je, et avant de m'éloigner je viendrai vous revoir.

Le vieillard me serra affectueusement la main, et nous nous levâmes Jean et moi.

En ce moment, un valet que je n'avais point vu encore entra et vint à Jean :

— Le monsieur de Paris est arrivé, dit-il.

Je vis la fermière tressaillir.

— Est-il jeune? demanda Jean tout bas.

— Trente-cinq ans, répondit le valet.

Le valet avait une tournure militaire que j'avais déjà remarquée chez Jean; il portait comme lui de longues moustaches, et il s'exprimait en français.

— Sais-tu son nom ? reprit Jean.
— Oui, il se nomme M. Hector Lambesc.

Tout cela était dit à demi-voix et en français; la fermière ne parlait que le bas-breton, mais à ce nom de Lambesc, je la vis chanceler et porter la main à son cœur, comme si elle y eût reçu un coup mortel.

Yvon était sombre et farouche, — Yvon ne vit rien ; Jean causait avec le valet; le nom prononcé lui était sans doute inconnu. — Moi seul avais vu l'affreuse pâleur de la fermière, — et l'énigme déjà si embrouillée se compliquait encore.

— Allons ! me dit Jean en prenant son fusil et en sifflant les chiens, venez, monsieur de L..., la lune se lève, et il fait beau. Partons !

Il était sept heures du soir quand je mis le pied à l'étrier, et, selon toute apparence, je devais être à Ploërnec deux heures après.

III

Le chemin conduisant à Ploërnec était ce même sentier qui grimpait au flanc du coteau et par lequel j'avais vu déboucher les deux frères une heure auparavant.

Jean, son fusil sur l'épaule, marchait devant moi d'un pas alerte. Il était retombé dans son farouche silence.

La lune se levait et jetait ses tremblants rayons sur le paysage d'une mélancolie suprême; j'avais le cœur serré, sans trop savoir pourquoi : le sentiment de curiosité ardente qui m'absorbait naguère avait fait place à un autre que je ne m'expliquais point encore, mais qu'hélas! je devais m'expliquer bientôt.

Me laissant aller au pas monotone de ma monture, je me pris à songer aux scènes étranges dont je venais d'être le témoin, scènes qu'une seule figure dominait maintenant dans mon esprit, — la figure si belle et si triste d'Yvonnette.

Je me complus à recomposer ses traits dans mon souvenir : son visage pâle, ses yeux noyés de tristesse ; je me souvins de ses moindres paroles, de ses gestes les plus insignifiants... et puis, je tressaillis et m'adressai cette brusque question : « L'aimerais-je ? »

J'essayai de me répondre par un éclat de rire, de me répéter un de ces lieux communs philosophiques, à l'endroit des femmes, lieux communs dont l'amertume railleuse déracine si souvent un jeune amour dans le cœur d'un homme, et le réduit à l'état de caprice ou de fantaisie à laquelle on renonce aisément selon les circonstances.

Mon cerveau troublé ne trouva rien, aucun sourire ne vint à mes lèvres, et j'eus peur. J'aimais une paysanne !

— A quoi rêvez-vous donc? me demanda tout à coup Jean de Kerden, au moment où nous atteignions le sommet du coteau, point culminant du haut duquel on apercevait la vallée de Pleuc, vallée assez grande enfermant plusieurs villages et une demi-douzaine de châteaux, les uns habités, les autres en ruines, le tout inondé des rayons de la lune, et d'un aspect des plus poétiques.

— Je ne rêve pas, répondis-je tout troublé.

— Tenez, me dit-il en s'arrêtant, voulez-vous voir les anciens domaines de Kerden? Regardez.

Et il me montrait du doigt la vallée entière.

— Tout cela? fis-je avec un certain étonnement.

— Tout cela, répondit-il. Et de tout cela, il ne nous reste que la ferme d'où nous venons. Voilà comment, ajouta-t-il avec un accent de mélancolie qui contrastait avec son énergique visage, voilà comment s'éteignent les grandes maisons! La misère les fait rentrer dans l'obscurité.

Cet homme vêtu si grossièrement, qui me parlait ainsi de sa splendeur passée, en face des ruines de cette splendeur, par une belle nuit d'hiver lumineuse; cet homme à sombre visage, qui s'était appuyé tristement sur son fusil et contemplait avec un rire amer les anciens domaines de sa race, me toucha et me fit oublier quelques minutes les pensées premières qui m'avaient assailli.

— C'est donc la révolution, lui demandai-je vivement, qui vous a ainsi appauvris?

— Non, me répondit-il; quand la révolution arriva, nous étions pauvres déjà. Ce qui nous a ruinés, c'est une nuit de folie, de vertige et d'ivresse.

Je n'osais le questionner; il poursuivit presque aussitôt :

— Il y a un siècle, la vallée de Pleuc tout entière était à nous, à l'exception de ce coin de terre que vous voyez là-bas, et qu'on nomme Ploërnec.

Je suivis, en tressaillant, la direction de son doigt, et j'aperçus le toit blanchâtre du manoir où j'allais, sur la gauche, masqué à demi par un rideau de saules, au pied desquels coulait une petite rivière. Entre nous et le manoir, mais tout près de ce dernier, il y avait un étang assez large, bordé de hautes herbes, et qui miroitait aux rayons de la lune.

— Ploërnec, reprit Jean de Kerden, était une pauvre demeure. Une famille de gentillâtres, méchants hobereaux de robe, y vivait mesquinement du produit de quelques champs pierreux et de deux prairies marécageuses. Ils n'avaient ni bois, ni landes, ni bruyères. Le pourpoint des frères aînés servait aux frères en bas âge; au jour de Noël on mangeait des gâteaux de blé noir chez eux, et quand le père allait à Pleuc, il enfourchait un méchant roussin de labour, auprès duquel notre pouliche noire que vous avez vue gambader ce soir eût été une bête de sang et de race. C'étaient, je vous le dis, de pauvres gentilshommes, mais honnêtes, du reste, et servant le roi comme il le faut servir.

Au nom du roi, Jean se découvrit avec respect.

— Quand ils venaient à Pleuc ou à Kerden, continua Jean, car ma race habitait indifféremment les deux châteaux, on les hébergeait noblement et, plus d'une fois, mon aïeul leur avait prêté de l'argent qu'ils ne lui rendirent jamais.

Pourtant l'un d'eux alla à Paris, y fit fortune, et revint à Ploërnec, un beau jour, assez riche pour agrandir ses domaines ; il se montra bientôt magnifiquement vêtu ; il porta haut la parole chez les gentilshommes ses voisins, et il obtint du roi la permission de siéger aux états de Bretagne, sur le banc de la noblesse.

L'élévation de sa maison devait être funeste à la nôtre. Un jour, à Rennes, chez le lieutenant du roi, il y avait foule de gentilshommes, presque tous riches et nobles comme les cousins de nos vieux ducs. Sur une table de jeu, l'or ruisselait avec un cliquetis qui donnait la fièvre aux plus sages. Mon aïeul y jeta sa bourse, et sa bourse se trouva vidée à l'instant. Son adversaire était Ploërnec. Ploërnec avait été jaloux de Kerden pendant plusieurs siècles ; Ploërnec était en veine de bonheur ce jour-là, et une infernale idée germa dans sa tête : il défia Kerden. Kerden s'assit froidement en face de lui et jeta sur la table l'agrafe de son manteau, un gros diamant qui valait un domaine.

Ploërnec battit les cartes, et Kerden perdit. La colère monta au front de Kerden, il coupa l'un après l'autre les boutons de son habit, qui étaient pareillement des diamants, et il les perdit. Alors il joua sur parole, et perdit encore. Il joua ses châteaux, ses fermes, ses étangs, ses bois, et il perdit toujours. Quand le jour vint, Ploërnec était le plus riche, Kerden le plus pauvre châtelain de la vallée de Pleuc. Il ne restait à Kerden que son plus pauvre manoir et la ferme que vous avez vue.

Ploërnec se leva triomphant, et s'écria :

— La roue de la fortune a tourné. Il y a cinq siècles que l'opulence des Kerden humiliait la pauvreté des Ploërnec. A notre tour maintenant !

Mais Kerden lui dit :

— Il me reste un manoir et une ferme, je veux jouer encore !

C'était loyal, ce qu'il proposait, et s'il eût eu du cœur et de l honneur, Ploërnec eût accepté ; mais il refusa durement.

— Non, dit-il, j'ai assez joué, et la veine pourrait tourner. Je ne veux pas vous réduire à l'aumône, comte de Kerden !

Ploërnec était un misérable, mais il avait le droit de ne plus jouer, et Kerden baissa la tête.

Il alla trouver un tabellion, il lui fit rédiger un acte de vente simulé et il le porta à Ploërnec, en lui disant :

— Tenez, vous m'avez payé, la vallée est à vous. Je ne vous demande que quelques heures pour sortir de mon château de Kerden, moi et mes enfants.

Ploërnec prit l'acte de vente sans répondre un mot, sans dire une bonne parole à celui qu'il avait dépouillé, et le lendemain il prit possession de nos domaines.

La révolution arriva; mon aïeul et ses quatre fils combattirent pour le roi; il fut tué à Quiberon avec ses trois aînés; seul, mon père survécut. Notre dernier manoir avait été brûlé, il ne nous restait que la ferme, et voilà comment aujourd'hui, acheva Jean avec un soupir, nous ne sommes plus que des paysans travaillant eux-mêmes leurs champs. Mes aïeux étaient mousquetaires; j'ai été, moi, sous-officier de chasseurs d'Afrique. C'est pour cela que je sais le français, Yvonnette et Yvon ne parlent que le bas-breton.

— Et c'est de là, lui dis-je, que vient, sans doute, la haine de votre père pour les Ploërnec?

— Oui, me répondit-il, car Ploërnec ne fut pas loyal; il aurait dû jouer encore.

— Il est certain, murmurai-je, que ce M. Ploërnec commit là une action infâme.

— Depuis ce temps, continua Jean, jamais un Kerden n'a franchi le seuil de Ploërnec; s'il le faisait, ce serait avec des armes, ajouta-t-il avec une expression farouche.

— Je croyais, interrompis-je étonné, que votre sœur...

Jean jeta sur moi un sombre regard qui me troubla.

— Oui, me dit-il, une Kerden a épousé le dernier Ploërnec, mais ni mon père, ni mon frère, ni moi ne sommes allés à la noce.

— Que voulez-vous dire? demandai-je de plus en plus surpris.

— Oh! reprit-il, c'est une triste et navrante histoire, celle-là. Mon père ne prenait point son parti de la perte de nos domaines, mon père voulait à tout prix restaurer sa maison et redevenir riche pour reprendre son rang. Ma mère, après m'avoir donné le jour, quelques années après, mit au monde deux filles jumelles, deux filles qui se ressemblaient si bien que nous les confondions et ne savions jamais laquelle des deux était Marie, laquelle se nommait Yvonnette. Mon père seul, avant de devenir aveugle, parvenait à les distinguer du premier coup. Quant à nous, nous ne le pouvions qu'avec de certains efforts.

Mon père disait, quand elles étaient enfants : « Je veux en envoyer une au couvent : je vendrai un champ s'il le faut; mais elle aura de l'éducation, et je la pourrai marier à un gentilhomme qui sera riche dans le pays. »

Quand elles eurent dix ans, on tira au sort celle

qui partirait pour Rennes; ce fut Marie. On la plaça dans le meilleur couvent, et mon père voulut qu'on lui apprît tout ce qu'il convient qu'une femme de qualité sache lorsqu'elle doit tenir un rang dans le monde.

Les deux sœurs s'aimaient comme s'aiment les jumeaux. Yvonnette, demeurée seule à la ferme, devint triste et pensive; elle n'alla plus courir les champs et les landes, et son visage et ses mains se trouvèrent aussi blancs que ceux de Marie quand celle-ci revint, au bout d'un an, passer un mois à la ferme. On ne les distinguait pas plus alors qu'on ne les avait distinguées jusque-là. Elles avaient le même son de voix; seulement, Yvonnette ne savait que le bas-breton, et Marie parlait le français. Yvonnette était vêtue comme nous, Marie avait de beaux habits de demoiselle.

IV

Marie était au couvent depuis cinq années, quand une nouvelle fatale nous parvint : un gentilhomme l'avait séduite et enlevée, après avoir corrompu le jardinier du couvent. Mon père en ressentit un si terrible coup que ses cheveux encore noirs blanchirent en une nuit et qu'il devint aveugle.

Yvon n'était qu'un enfant, mais j'étais un homme, moi. Je cherchai le séducteur de ma sœur, j'appris son nom... Malédiction! c'était le jeune chevalier de Ploërnec, le petit-fils de celui qui nous avait dépouillés!

Je revins auprès de mon père et je lui dis tout. Mon père eut un accès de douleur que rien ne saurait peindre, mais il me répondit :

— Il faut que Ploërnec l'épouse, il le faut! L'aïeul était déloyal, mais celui-ci n'est point coupable, et l'honneur de Kerden ne peut être en souffrance.

Ploërnec était à Rennes, je l'allai trouver; je lui mis un pistolet sur le front, et je lui dis :

— « Vous allez faire appeler un notaire et un prêtre sur l'heure. Il faut que demain ma sœur se nomme madame de Ploërnec. » Ploërnec eut peur, il comprit que je le tuerais comme un chien s'il osait refuser, et il obéit sans murmurer. Nous n'allâmes point à la noce, nous, car nous avions juré de ne jamais franchir le seuil de Ploërnec, mais ma mère et ma sœur y allèrent. Ma mère mourut peu après. Quant à Yvonnette, elle passait avec sa sœur une partie de l'été, et quand Ploërnec partait pour Paris, emmenant sa femme, Yvonnette nous revenait.

Dès la première année, Marie, qui s'était mariée avant quinze ans, ce qui nous avait obligé à de nombreuses démarches pour obtenir une dispense, Marie était mère d'une petite fille qu'on nomma Rose. C'est elle qui va se marier dans quelques jours.

La conscription me prit. Je passai huit années au service. Quand je revins, le deuil était tombé sur nous; Marie était morte.

Le farouche chasseur essuya une larme et poursuivit d'une voix sombre et désolée :

— Vous voyez cet étang? le chemin qui conduit à Ploërnec le longe, et il faut faire un long circuit tout alentour pour arriver au manoir. Afin d'abréger la distance, on traverse souvent l'étang en bateau. Le bateau dont on se sert est plat, et a nom un chaland dans le pays. Un seul homme le manœuvre aisément a l'aide d'un aviron placé à la poupe, mais il faut bien connaître l'étang parsemé de tourbillons et d'herbes flottantes. Souvent Yvonnette revenait à la ferme vers le soir, et quelquefois à des heures avancées de la nuit. Un serviteur de Ploërnec prenait la rame du chaland et la conduisait à l'autre rive, d'où elle gagnait la ferme en moins d'une heure.

Un jour, Marie la voulut accompagner, et Ploërnec lui-même conduisit le chaland. Mais Ploërnec était un mauvais matelot; il s'engagea dans les hautes herbes, le chaland chavira, et Marie se noya. On ne retrouva son corps que le lendemain.

Yvonnette revint seule à la ferme, et depuis elle ne la quitta plus.

Jean s'arrêta et pleura amèrement, comme avait pleuré le vieillard, comme j'avais vu pleurer la fermière.

— Depuis, reprit Jean avec effort, nous voyons quelquefois la petite Rose; elle est belle comme l'était sa mère, elle est belle comme sa tante; elle a été élevée en demoiselle, on va la marier à un monsieur de Paris qui est riche... et nous ne la verrons plus! Et nous ne pouvons pas nous y opposer, il paraît, car son père le veut, et un père a le droit de faire de son enfant ce qu'il lui plaît ! Oh ! si vous saviez pourtant comme nous l'aimons, cette enfant. Yvonnette surtout, qui croit revoir sa sœur en elle...

Jean pleurait de nouveau.

— Tenez, me dit-il, vous voyez Ploërnec maintenant. Suivez toujours le sentier, vous y serez en moins d'une heure et n'aurez plus besoin de moi. Adieu, revenez nous voir !

Je lui serrai silencieusement la main et je poussai mon cheval.

J'étais ému, mon cœur bondissait, j'eus presque le vertige, et je me dis :

— Si j'épousais Yvonnette ? Elle est pauvre, je le suis aussi ; nous sommes de noble race tous deux, et elle est si belle...

Et j'arrivai au manoir de Ploërnec, en construisant un magnifique château en Espagne, dont la dernière fille des Kerden devait être la châtelaine ; j'étais devenu amoureux fou en deux heures ! amoureux d'une paysanne qui ne savait point le français et qui portait des sabots...

Il paraît que, grâce a leur récente opulence, les derniers Ploërnec avaient embelli leur demeure. Le parc, les façades, le verger, tout ce qu'on apercevait du premier coup d'œil était grandiose.

Un domestique en livrée me reçut à la grille et me demanda mon nom.

Je pris un crayon et ma carte, et j'écrivis derrière :

« Un proscrit demande l'hospitalité au baron de Ploërnec. »

Cinq minutes après j'étais introduit dans le salon de réception, où se trouvait le maître de la maison.

Ce salon était meublé à l'antique, et on y respirait un parfum de chevalerie et de grandeur qui seyait assez mal à la physionomie vulgaire, à l'apparence bourgeoise du dernier châtelain.

M. de Ploërnec, en effet, dernier héritier mâle du nom, était un petit homme, maigre et bilieux, au teint jaunâtre, aux traits usés par de précoces soucis et ce qu'on appelle une jeunesse orageuse.

Le baron était un homme d'à peine quarante ans ; mais il était voûté déjà, ses cheveux grisonnaient, et il y avait sur ses lèvres et dans son regard une expression d'ironie qui glaçait ; il vous regardait rarement en face ; rarement il souriait, et, quand il le faisait, ses lèvres minces se crispaient comme si ce sourire eût été pour lui une souffrance.

J'allai droit à lui :

— Monsieur le baron, lui dis-je, j'ai besoin de passer une quinzaine de jours dans ce pays et d'y vivre à peu près ignoré. J'ai eu l'honneur de vous rencontrer chez le marquis de T... et le comte de V... j'ai cru pouvoir...

— Vous êtes le bienvenu chez moi, monsieur de L.., me répondit-il; veuillez y être chez vous tout le temps qu'il vous plaira.

Deux personnes étaient au salon avec le baron sa fille, une délicieuse enfant blonde et rose, mais une enfant bien plus qu'une fiancée, — et un homme vieux déjà, si l'on en jugeait par les rides de son front et la pâleur hâve de ses joues, mais un homme qui avait dû être fort beau quinze ans auparavant, et qui, à première vue, ne portait guère que trente-cinq ans et résumait encore ce type de bel homme auquel toutes les natures féminines un peu vulgaires se laissent prendre aisément. C'étaient M. Hector Lambesc, un capitaliste fort riche de Paris, et le futur époux de mademoiselle de Ploërnec.

M. Hector Lambesc me déplut souverainement au premier coup d'œil. Ses yeux, d'un gris pâle, étaient faux; sa lèvre, aussi mince que celle du baron, avait une expression pire. M. Lambesc avait le ton mielleux; il causait beaucoup et avec cet esprit de convention, de hasard, dirai-je presque, qu'on emprunte aux petits journaux, aux avant-scènes des théâtres de vaudeville, et que les garçons du divan Le Peletier trouvent de mauvais aloi, eux qui se connaissent en esprit.

M. Lambesc était arrivé depuis quelques heures à peine, mais il était déjà parfaitement à l'aise et presque chez lui. Il avait étalé aux yeux éblouis de sa jeune fiancée une riche corbeille de mariage, des cachemires et des dentelles à faire tourner la tête d'une femme de vingt-cinq ans!

Pendant le reste de la soirée, il tint le dé de la conversation. Rose l'écoutait en souriant, le baron était taciturne et sombre: moi, je songeais à Yvonnette.

Je songeais à elle avec délire, mon front brûlait, je craignais de devenir fou avant huit jours.

Le baron m'avait demandé où je m'étais arrêté.

— Chez les Kerden, répondis-je, épiant sur son visage l'effet qu'y produirait ce nom.

— Ah! me dit-il simplement, ce sont mes beaux-frères. Nous ne nous voyons plus depuis longtemps. Les affaires d'intérêt divisent souvent les familles.

Et ce fut tout. Nous causâmes d'autre chose.

A dix heures, on me conduisit dans l'appartement qui m'avait été préparé.

C'était une pièce de rez-de-chaussée, meublée avec luxe et donnant sur le parc.

J'ouvris la fenêtre, j'étouffais; j'avais besoin d'air.

Combien de temps y passai-je, la tête en feu, rêvant à Yvonnette, sans prendre garde à la bise glacée de la nuit, à l'heure qui coulait, à la lune qui disparut à l'horizon derrière les grands bois?
— je ne pourrais le dire; mais tout à coup une ombre glissa à travers les arbres, cette ombre se dirigea vers la fenêtre et vint à moi...

Je poussai un de ces cris étouffés qu'un acteur seul pourrait reproduire avec vérité.

A la lueur mourante de ma bougie aux trois quarts consumée et dont les derniers reflets allaient éclairer les massifs du parc le plus près de ma fenêtre, je venais de reconnaître Yvonnette.

Était-ce un rêve, une illusion ou le fantôme de la châtelaine morte qui revenait errer dans son parc, et dont la frappante ressemblance avec Yvonnette me trompait? Était-ce Yvonnette elle-même?

Un moment je fus tellement ébloui, fasciné, qu'il m'eût été impossible de le dire; mais elle fit un pas encore, et alors je reconnus ses vêtements de paysanne, ses sabots de hêtre, et lorsqu'elle eut posé un doigt sur sa bouche pour me recommander le silence il me fut impossible de douter.

C'était bien elle.

— Yvonnette! est-ce vous? m'écriai-je, oubliant qu'elle ne savait que le bas-breton.

— C'est moi, me répondit-elle en français; c'est moi, monsieur de L...

Je demeurai stupéfait; elle me parlait français, et de l'aveu même de son frère, elle ignorait cette langue. Elle comprit mon étonnement.

— Monsieur, me dit-elle, ceci est un secret qui n'est pas le mien. Si vous venez à la ferme, rappelez-vous que je ne sais pas le français. Vous êtes gentilhomme, et je crois en votre loyauté.

Je tremblais d'émotion.

— J'y crois, me dit-elle, et tandis que tout dort à la ferme et au château, je suis venue ici toute seule, au milieu de la nuit... car il fallait que je vous parlasse.

Je voulus répondre, l'émotion étreignit ma gorge, et elle ne rendit aucun son.

— Monsieur, poursuivit-elle, vous seul, peut-être, je ne sais encore comment, il est vrai, mais vous seul, dis-je, pouvez prévenir un affreux malheur. C'est pour cela que je suis venue et que, pour arriver plus vite, j'ai traversé l'étang avec un chaland qui faisait eau de partout, et ramant moi-même. Je ne savais trop où je vous trouverais, mais je me suis souvenue qu'autrefois on donnait toujours votre chambre aux étrangers. Le hasard m'a servie, puisque je vous rencontre.

La voix d'Yvonnette tremblait, mais elle s'exprimait purement, sans efforts, et cette voix était si douce, si harmonieuse, que, si je n'eusse su déjà son histoire, ma première pensée qu'elle était une femme du monde déguisée me fût revenue aussitôt.

— Parlez! lui dis-je avec feu, parlez! que dois-je, que puis-je faire? Ma vie est à vous!

Elle eut un pâle sourire qui me transporta de joie.

— Vous êtes un noble cœur, me dit-elle.

Je pris sa main et je la portai à mes lèvres. Elle me l'abandonna ainsi que l'eût fait une de nos élégantes; puis, tout à coup, elle rougit, la retira brusquement et me dit :

— M. de Ploërnec va marier sa fille, vous le savez?

— Oui, répondis-je.

— Il va la marier avec M. Hector Lambesc?

— Je l'ai vu ce soir.

— Eh bien! me dit-elle vivement et d'une voix étouffée, ce mariage est impossible!

— Que dites-vous?

— Il ne peut se faire, et je viens à vous... à vous, pour que vous trouviez un moyen quelconque... pour que vous l'empêchiez... il le faut!

Je la regardai avec plus d'enthousiasme que d'étonnement : j'avais à peine entendu, mais j'écoulais sa voix qui vibrait à mon oreille et retentissait dans mon cœur comme une mélodie de Rossini l'immortel !

— Savez-vous, reprit-elle avec feu, savez-vous ce que c'est que cet homme ?

Je l'écoutais toujours sans l'interrompre, presque sans l'entendre.

— Cet homme, poursuivit-elle, il a essayé de déshonorer la mère de celle qu'il veut épouser !

Je fis un geste d'horreur.

— Et malheureusement, continua Yvonnette, cela ne peut se dire, car le dire c'est déshonorer M. de Ploërnec lui-même, et sa fille par contrecoup. D'ailleurs, il n'y a pas de preuves contre lui, et les apparences sont toutes contre la mère de Rose. C'est pour cela que je n'ai rien dit à mes frères, car leur haine pour Ploërnec les aveuglerait, et ils feraient un éclat. Ce sont des hommes à demi sauvages, d'un caractère indomptable, Jean surtout, ils se feraient justice à coups de fusil, il y aurait du sang répandu, et l'échafaud est là..., ajouta-t-elle en frissonnant. Et puis, fit-elle, il ne faut pas que Rose entre dans la vie ayant au front une de ces taches que le monde ne pardonne pas, le déshonneur de sa mère !

Était-ce bien une paysanne qui me parlait ainsi du monde et de ses exigences ?

Elle se méprit sans doute à l'étonnement qui se

peignit sur mon visage, elle crut que ce mot de déshonneur m'avait frappé et que j'allais, comme aurait fait le monde, y ajouter foi ; car elle devint plus pâle encore et me dit en joignant les mains, et d'un accent si déchirant que j'en éprouvai une sensation douloureuse :

— Oh ! ne le croyez pas, au moins, ne le croyez pas, vous ! elle n'était pas coupable ! elle était demeurée pure... mais les apparences ! oh ! les apparences !

Et elle cacha un moment sa tête dans ses mains, et je vis au travers de ses doigts briller deux larmes qui roulèrent sur ses bras demi-nus et d'une éblouissante blancheur.

Je pris ses deux mains, je les appuyai de nouveau sur mes lèvres, et je lui dis :

— Je tuerai M. Hector Lambesc en duel. Le duel n'est point soumis à l'échafaud.

— Non, me dit-elle avec force et avec un accent si dédaigneux que je vis percer de nouveau la grande dame sous l'humble fermière ; quand on est gentilhomme on ne se bat point avec un tel misérable.

— Que faire donc alors ? m'écriai-je.

— Que faire ? murmura-t-elle. Mon Dieu ! je n'en sais rien ; je cherche et ma tête se perd, je cherche et je ne trouve pas.

Tout à coup elle me regarda fixement.

— Donnez-moi votre parole, me dit-elle, de ne révéler à personne ce que je vais vous dire.

— Je vous la donne, répondis-je d'une voix ferme.

— Peut-être, fit-elle, lorsque je vous aurai dit ce que nul que lui et moi ne sait, peut-être, lorsque vous aurez appris ce qu'est cet homme, trouverons-nous un moyen... Mon Dieu! mon Dieu! ma tête brûle... et je me sens mal.

Je la soutins dans mes bras, je la fis asseoir sur le bord de la fenêtre, n'osant, bien que ce fût facile et dominé par un sentiment de convenance, l'inviter à entrer chez moi, où elle eût trouvé un siége plus commode. Elle me demanda un verre d'eau. Je le lui tendis; ma main tremblait...

Elle attendit quelques secondes, puis, lorsqu'elle fut plus calme, elle me dit avec ce sourire navré que je lui avais vu déjà :

— C'est une histoire bien hideuse et bien triste, une histoire de souliers de satin. Comment pourrait-on croire qu'il y a des taches de sang sous ce tissu si brillant et si moelleux?

Elle était si belle en parlant ainsi, qu'un cri d'admiration m'échappa :

— Mon Dieu! lui dis-je, mon Dieu! que vous êtes belle!

— Belle et fanée, me répondit-elle tristement. Et puis, que vous importe, ajouta-t-elle avec un soupir que j'entends encore retentir au fond de mon cœur, que vous importe la beauté flétrie d'une pauvre paysanne !

Je voulus répondre ce mot qui vibrait dans mon être : *Je vous aime!*...

Mais ma gorge ne laissa échapper aucun son, mes lèvres ne s'entr'ouvrirent point... j'étais fasciné.

Elle ne s'en aperçut point, sans doute, car elle commença aussitôt.

V

— Savez-vous, me dit Yvonnette, comment la mère de Rose fut séduite? Elle était au couvent; ce couvent était environné d'un mur d'enceinte fort haut, que doublait un rideau de peupliers. Du côté du jardin, les peupliers étaient grands, touffus, et un homme pouvait se cacher aisément dans leur feuillage. Chaque pensionnaire avait, dans le grand jardin, un petit coin de terre qu'elle cultivait et soignait aux heures de récréation. Elle avait la passion des fleurs, elle s'échappait souvent du dortoir le matin, avant le lever des pensionnaires, pour aller visiter ses chers dahlias et ses œillets. Plusieurs fois elle avait été réprimandée et même punie, mais elle était incorrigible.

Or, un matin, c'était en été, et il faisait à peine jour, tandis qu'elle arrosait ses fleurs, un homme se laissa couler le long du peuplier qui balançait son feuillage au-dessus de sa tête. Cet homme était jeune, il était richement vêtu, il lui parut beau. Il la rassura d'un geste et lui dit :

— Votre père ne vous a-t-il point dit, mademoiselle, que vous épouseriez un jour un gentilhomme?

— Oui, lui répondit-elle, toute troublée.

— Un gentilhomme bien riche? reprit-il.

— Oui, bien riche, balbutia-t-elle de plus en plus émue.

— Eh bien! fit-il, ce gentilhomme c'est moi.

Elle recula interdite.

— C'est moi, reprit-il, et votre père m'envoie vers vous.

— Mon père?

— Oui, il est dans la ville, il nous attend.

Elle ne comprit point, elle crut à ces paroles menteuses. Le nom de son père était un talisman.

— Venez avec moi, lui dit-il.

— Mais il faut que je demande l'autorisation de sortir?

— C'est inutile.

— La supérieure me punira...

— Non, dit-il, car vous serez ma femme, et un mari protége sa femme, même contre la colère d'une supérieure.

— Mais les portes sont fermées?

— Vous allez voir qu'elles s'ouvriront...

Il fit entendre un coup de sifflet; à ce bruit, un homme accourut : c'était le jardinier. La mère de Rose avait une confiance fort grande en cet homme qui était vieux et paraissait honnête. Il salua le gentilhomme jusqu'à terre.

— Ouvre-moi la porte du jardin, dit celui-ci. Mademoiselle, veuillez prendre mon bras.

— Mon Dieu! fit-elle pleine d'hésitation, pourquoi mon père n'est-il pas venu lui-même?

Il parut troublé, mais il répondit aussitôt :

— Votre père est souffrant, mademoiselle; il a fait une chute de cheval.

Ces mots furent d'un puissant effet.

— Mon père est souffrant! s'écria-t-elle, mon père est malade!... Oh! venez, monsieur, venez; menez-moi vite près de lui!

Le jardinier avait ouvert une porte basse qui donnait sur une ruelle isolée et dont lui seul avait la clef; une chaise de poste était à cette porte. Son ravisseur la fit monter, ferma la portière, et les chevaux partirent au galop.

Le gentilhomme avait menti, notre père n'était point à Rennes, notre père ignorait tout, et notre honneur fut compromis. Heureusement notre frère Jean veillait, et l'outrage fut réparé, Marie de Kerden devint madame de Ploërnec et partit pour Paris avec son mari.

Mais huit jours avant le mariage, dans la

chambre d'hôtel garni où ils étaient descendus, un homme vint rendre visite à M. de Ploërnec, auprès duquel Marie pleurait amèrement. Cet homme se nommait Hector Lambesc :

— Mon cher ami, dit-il au baron en plaçant un rouleau d'or sur la table, tu as gagné ton pari. voici tes mille louis; j'espère que tu me la céderas après toi.

Marie pleurait; la pauvre enfant ne comprit pas que son ravisseur ne l'aimait point et qu'il avait simplement fait le pari de l'enlever à travers les grilles d'un couvent, trouvant plaisant de faire d'une Kerden la maîtresse d'un Ploërnec.

M. de Ploërnec se résigna pourtant en galant homme. Il avait épousé Marie de Kerden. Marie devint mère. M. de Ploërnec rendit sa femme heureuse le plus qu'il put. Il la produisit dans le monde, où sa beauté fit quelque sensation. Il reçut tous les huit jours. Sa femme devint une des reines de la mode. L'été ils revenaient à Ploërnec, où les paysans la vénéraient comme la Vierge, parce qu'elle était bonne et charitable.

Il y avait sept ans que M. de Ploërnec était marié, lorsqu'un ancien ami à lui le vint voir. C'était ce même Hector Lambesc qui avait perdu un pari avant le mariage de la mère de Rose.

M. Hector Lambesc revenait des Indes, où il

avait passé plusieurs années dans une plantation qui lui appartenait.

M. de Ploërnec le reçut froidement; mais il le reçut. M. Hector Lambesc dîna chez lui. Le lendemain il revint, puis les jours suivants.

Cet homme déplaisait à la mère de Rose; il paraissait exercer une influence fatale sur M. de Ploërnec et le dominer entièrement. Bientôt il fut presque installé chez lui, et son couvert se trouva mis tous les jours.

Il n'était pas difficile de voir combien M. de Ploërnec avait de répulsion à lui adresser la parole et à l'appeler *son cher ami*, mais M. Lambesc n'y prenait garde, et il continuait à venir assidûment. M. de Ploërnec était cependant d'une humeur emporté et jalouse, il avait fini par aimer sa femme, et les fades compliments qui lui étaient adressés de toutes parts lui avaient plus d'une fois fait froncer les sourcils. Un jour il entra chez elle agité et pâle, ses mains étaient crispées, sa voix tremblait :

— Madame, lui dit-il, savez-vous qu'il y a un article du Code pénal qui ne punit un mari que de six mois à deux ans de prison, lorsqu'il tue sa femme coupable?

Elle le regarda avec plus d'étonnement que de frayeur.

— Si jamais, reprit-il, vous faisiez une faute, je vous tuerais!

Et il s'en alla comme un insensé, étouffant un soupir.

Marie s'aperçut alors que M. Hector Lambesc lui adressait de muets hommages, il lui glissa même dans la main plusieurs lettres qu'elle brûla sans les lire. Un jour, se trouvant seul avec elle, il devint si pressant, il oublia si bien toute retenue, qu'elle porta la main à un gland de sonnette pour le faire chasser.

M Lambesc sortit sans mot dire. Peu après M. de Ploërnec rentra. Marie lui dit :

— Est-ce que monsieur Lambesc est réellement votre ami?

M. de Ploërnec pâlit, mais il répondit aussitôt :

— Oui, oui, c'est mon *meilleur ami*. Et il changea de conversation brusquement.

Marie était fatiguée des obsessions de M. Lambesc, mais comment les éviter? M. de Ploërnec ne paraissait point s'en apercevoir, ou plutôt il paraissait n'avoir ni le courage, ni la puissance de le faire jeter à la porte.

Un soir, madame de R... donnait un bal. Le faubourg Saint-Germain, la Chaussée-d'Antin, le faubourg Saint-Honoré s'étaient donné rendez-vous dans son petit hôtel de la rue Vanneau. Noblesse, finance, diplomatie, quelques gens de lettres, quelques artistes soigneusement épurés et triés, les plus jolies femmes de Paris, les mieux titrées, dansaient chez la baronne de R...

Le bal tirait à sa fin, il ne restait plus que les intimes, et trois heures venaient de sonner à Saint-Thomas-d'Aquin ; M. de R... avait ménagé une surprise à ses invités ; il proposa d'aller souper à sa maison des champs de Meudon.

Cette proposition fut accueillie avec enthousiasme : les femmes s'encapuchonnèrent soigneusement, on fit avancer tous les carrosses, et je ne sais quelle fatalité s'en mêla, mais tandis que M. de Ploërnec donnait une place dans le sien à mesdames d'A... et de C..., madame de Ploërnec se vit contrainte d'accepter la droite de M. Hector Lambesc dans son coupé bas.

Les équipages partirent au galop ; soit par hasard, soit à dessein, le coupé prit la queue du cortége et demeura bientôt en arrière. On traversa le *bois ;* à Madrid le coupé prit brusquement à gauche et laissa le cortége. Alors M. Lambesc se tourna vivement vers madame de Ploërnec, qui tremblait involontairement, et lui dit :

— Savez-vous, madame, par suite de quelles circonstances vous êtes devenue madame de Ploërnec?

Elle ne répondit pas et tourna la tête.

— Figurez-vous, continua-t-il, que votre mari et moi faisions notre *droit* à Rennes; nous étions amis, sauf une petite jalousie de..., comment dirai-je? une jalousie de métier. Ce pauvre Ploërnec, qui n'est pas d'une physionomie des plus flatteuses, ne pouvait pas me pardonner mes petits succès auprès des dames de Rennes qui, vous le savez, sont fort belles. A part cela, nous étions fort liés et nous demeurions porte à porte, au même étage de la même maison. Nos fenêtres donnaient sur le jardin de votre couvent. Je vous avais remarquée et je vous aimais...

— Assez, monsieur! assez! dit vivement madame de Ploërnec.

— Attendez donc, madame, poursuivit-il impudemment. Un jour, Ploërnec me dit : Voilà une petite fille qui me plaît.

— Fi donc! lui dis-je, à la veille d'épouser ta cousine, la riche héritière des Plougoulm?

— Pourquoi pas? me dit-il cyniquement.

— Je vous aimais, je vous l'ai dit; mais j'ajoutais si peu de foi aux séductions de mon ami Ploërnec, que je lui répondis en riant aux éclats :

— Je te parie deux mille louis que dans six mois tu n'auras point encore trouvé un moyen honnête de pénétrer dans le parloir des pensionnaires?

Il tint le pari. Vous savez, hélas! ce qui arriva. Je vous aimais pourtant; je vous aimais avec délire, et je voulais vous épouser...

M. Lambesc avait imprimé à sa voix un accent de vérité qui vibra chez madame de Ploërnec; elle le crut dix secondes et n'eut pas le courage de lui imposer silence.

— Vous étiez mariée, poursuivit-il. Je partis pour les Indes, et j'y demeurai huit années. Huit années, madame, pendant lesquelles, à chaque heure du jour et de la nuit votre image...

— Assez, monsieur, assez! balbutia madame de Ploërnec, j'aime mon mari...

— Vous aimez votre mari! s'écria-t-il; mais vous ne savez pas...

Madame de Ploërnec poussa un cri, elle s'aperçut que le coupé avait abandonné la suite du cortége et courait dans une allée transversale.

— Où me conduisez-vous? fit-elle avec terreur.

M. Lambesc répondit par un ricanement, et murmura :

— Il y a huit années que j'attends...

Madame de Ploërnec se vit perdue, elle ouvrit vivement la portière du coupé et, au risque de se briser la tête et de se jeter dans les roues, elle se précipita sur la chaussée. Mais M. Lambesc avait eu le temps, de la saisir par le pied, et son soulier de bal, son soulier de satin, lui était resté dans la main.

Madame de Ploërnec eut l'énergie de s'enfoncer, en courant, dans un massif. Elle s'y blottit tremblante, folle, éperdue, le délire la prit... combien de temps y demeura-t-elle? Elle ne le sut point; mais il était grand jour quand, revenant à elle, elle eut le courage de se traîner jusqu'à l'avenue de Neuilly et de s'y jeter dans une voiture de place qui la ramena chez elle.

M. de Ploërnec l'y avait précédé. M. de Ploërnec avait le sourire aux lèvres, mais un tremblement convulsif l'agitait.

— Madame. lui dit-il, mon meilleur ami, M. Lambesc, chez qui vous avez passé la nuit, s'est aperçu, après votre départ, que vous avez oublié chez lui votre soulier de satin, et il me l'a renvoyé. Tenez, est-ce bien le vôtre?

Madame de Ploërnec remarqua, alors seulement, qu'elle avait un pied nu.

Elle se jeta aux genoux de son mari, elle lui fit les serments les plus solennels, elle lui attesta son innocence, prenant le ciel et la terre a témoin; elle jura qu'elle disait vrai sur la tête blanche de son vieux père, sur les cendres de sa mère, sur le vieil honneur de sa race...

M. de Ploërnec fut incrédule.

— Au surplus, madame, lui dit-il froidement, partons, nous irons cacher notre honte en Bretagne, dans mes terres; car ici, cette nuit, on a déjà remarqué votre absence et celle de mon *meilleur ami*.

Voilà, acheva Yvonnette en fondant en larmes, voilà ce qu'a fait M. Hector Lambesc; après avoir déshonoré la mère, il voudrait épouser la fille. Je ne sais quel terrible mystère, quel lien ténébreux unit l'un à l'autre ces deux hommes, vous seul pouvez peut-être le deviner et empêcher d'affreux malheurs.

J'avais pris les deux mains d'Yvonnette dans les miennes, je les couvris de baisers. Abîmée en sa douleur, elle n'y prenait garde.

— Mon Dieu! me dit-elle tout à coup, voici le jour, il faut que je parte, ou plutôt je vais me cacher.

— Non, non, lui dis-je, partez! Avec ce que je sais, je vous réponds que M. Lambesc n'épousera point votre nièce.

— Vous ne vous battrez pas, au moins? fit-elle avec anxiété.

— A la dernière extrémité seulement, répondis-je.

— Oh! non, dit-elle vivement, non, monsieur de L..., cet homme est trop bas, trop vil, vous ne vous battrez pas!

— Mais si je n'ai d'autre moyen...

— Dites-lui tout ce que je vous ai dit ce soir... peut être aura-t-il peur, car il n'a jamais su que madame de Ploërnec avait une sœur, et il croit le secret de son infamie enfoui dans une tombe. Adieu.

Je la retins doucement.

— Où vous reverrai-je? lui demandai-je.

— Ici, la nuit prochaine.

— Oh! murmurai-je, la journée aura douze siècles!

Je ne sais si elle ne m'entendit point, si elle ne comprit pas ou ne voulut rien comprendre, mais elle ne me répondit pas et s'en alla en serrant ma main comme on serre celle d'un vieil ami.

Je la suivis des yeux longtemps; je la vis disparaître derrière les massifs et prendre un petit sentier qui conduisait à la ferme.

Alors je me demandai si c'était bien une paysanne, une femme en sabots qui venait de me donner ces détails; de qui les tenait-elle? de sa sœur, sans nul doute... mais sa sœur était morte depuis longtemps, et cependant elle m'avait raconté cette triste histoire dans ses plus minutieuses parties, me parlant le langage des salons, me citant le bois de Boulogne et le pavillon de Madrid... Pourtant il était impossible d'en douter, c'était bien Yvonnette que j'avais vue à la ferme, c'était bien elle... Madame de Ploërnec était morte, et M. de Ploërnec avait porté son deuil.

Une pensée terrible me vint: madame de Ploërnec était-elle bien morte, ainsi que me l'avait. conté son frère Jean? Était-ce bien par accident? M. de Ploërnec n'avait-il point commis un crime atroce?...

Je sentis mes cheveux se hérisser, et je me souvins de cette phrase que m'avait répétée Yvonnette : — Il y a, madame, un article du Code pénal...

En ce moment, je revis la physionomie sombre et triste du châtelain, telle que je l'avais vue le soir précédent. Je revis ces lèvres minces, veuves de tout sourire, ce front fuyant, déprimé, creusé de rides profondes, cet œil fauve et gris toujours baissé... et j'eus peur!

Oui, peur, mon ami, car je ne me sentais plus ni assez de prudence, ni assez de sang-froid pour accomplir ma mission sans scandale... Et cet homme qui, à cette heure, me parut coupable, cet homme était le père de l'enfant qu'on allait sacrifier, qu'il me fallait sauver à tout prix... Yvonnette le voulait!

Oh! si vous saviez combien, en quelques heures, le terrible amour que j'éprouvais pour cette femme avait grandi! Si vous saviez comme je frissonnai en songeant qu'une journée tout entière allait s'écouler avant qu'il me fût donné de la revoir !

Ces amours échevelés qu'on déroule, chaque

soir, sur nos théâtres du boulevard, ne sont que de misérables parodies de l'étrange et fatal sentiment qui me dominait et m'étreignait. Je souffrais, et ma souffrance enfermait en elle une de ces âcres voluptés qu'il est impossible de peindre et qu'on n'éprouve qu'une fois en sa vie.

Yvonnette! vivre avec elle une vie trop courte, une vie de bonheur et de jouissances inconnues du reste de la terre!... Vivre avec elle éternellement, boire à longs traits son sourire, son regard, m'enivrer de sa voix... frissonner au contact de sa main... Oh! qu'étaient auprès de cela les voluptés du paradis?

Et cette femme portait des sabots!

Je me jetai sur mon lit tout vêtu. Le délire me prit, un sommeil de plomb, que la fatigue et les émotions avaient préparé, le suivit bientôt... Quand je m'éveillai, il était midi.

M. de Ploërnec était parti pour la chasse avec son gendre futur; Rose s'était échappée pour courir à la ferme.

M. de Ploërnec avait défendu qu'on m'éveillât. Il devait, du reste, revenir de bonne heure. Mais son absence me fournissait le prétexte de revoir Yvonnette avant la soirée.

Je fis seller mon cheval et le lançai au galop sur le sentier de la ferme.

Le temps était beau. Le soleil miroitait sur la

gaze bleue des collines, les fauvettes chantaient dans les buissons éclaircis par l'hiver, quelques primevères hâtives se montraient timides sous le gazon jauni et desséché.

C'était une après-midi de mars qui semblait annoncer un précoce printemps.

J'arrivai à la ferme en moins d'une heure ; mon cheval était ruisselant.

Les bouviers, les pâtres étaient aux champs. Jean chassait. Sur le seuil, j'aperçus Yvon et Rose se tenant par la main. Rose caquetait et riait, Yvon avait de grosses larmes dans les yeux et l'écoutait sans mot dire.

— Petit oncle, disait Rose, mon mari m'a apporté de bien belles toilettes, tu verras... le jour de ma noce.

— Je n'irai pas! dit brusquement Yvon.

— Pourquoi cela, méchant petit oncle? fit-elle d'un ton boudeur et piqué qui seyait à sa mutine figure blonde.

— Pourquoi, dit Yvon, pourquoi...

Son secret faillit lui échapper, mais il se contint et répondit :

— Parce que tu te marieras au château, et que le vieux Kerden ne veut pas que nous y allions...

— Voilà ce que je voudrais savoir... fit-elle, devenue pensive tout à coup. Pourquoi vous êtes-vous brouillés avec mon père? Il n'est pas méchant, mon père...

— Rose, murmura Yvon, dont la voix tremblait, tu vas partir pour Paris...

— Ah! oui, fit-elle toute joyeuse, et je serai une grande dame. Il est fort riche, mon mari, il est riche... bien riche... Il me conduira dans le grand monde.

— Et tu ne reviendras plus ici, fit Yvon sourdement.

— Mais si... au printemps...

— Tu ne nous verras plus, continua Yvon.

— Ne plus vous voir! Et pourquoi?

— Parce que ton mari...

— Oh! mon mari fera tout ce que je voudrai.

En ce moment je fis un léger bruit, car je m'etais arrêté à quelque distance, Yvon se retourna tout confus et me regarda.

J'eus l'air de n'avoir rien entendu et le saluai d'un air indifférent.

Rose me prit par la main :

— Grand-père Kerden, dit-elle en me faisant entrer, voici M. de L... qui vient te voir.

Je cherchai des yeux Yvonnette; Yvonnette n'y était pas... Yvonnette était allée à Pleuc cuire le pain de la ferme.

Elle était partie avec la belle pouliche noire qui portait deux sacs de farine sur son dos; elle était allée à pied, avec ses sabots de hêtre, son corset de velours bleu et sa jupe de serge rayée, en compagnie d'une grossière fille de ferme qui croyait aux sorciers et se signait à chaque carrefour.

Elle était allée à pied, au travers de cette vallée qu'avaient possédée ses pères, et il y avait de la ferme à Pleuc trois mortelles lieues, et Yvonnette n'avait point dormi, et le soir elle reviendrait à Ploërnec !

Et c'était là, pourtant, la femme que j'aimais comme jamais femme ne fut aimée ; la femme à qui j'aurais voulu donner un carrosse de rubis et me coucher ensuite sous les roues pour qu'elles n'effleurassent point le sol impur.

Je passai une partie de la journée à la ferme, espérant qu'Yvonnette reviendrait avant la nuit; mais on m'apprit qu'elle devait pétrir le pain elle-même, et qu'elle coucherait à Pleuc pour surveiller la fournée. Yvonnette pétrir : pétrir avec ses belles mains diaphanes, pétrir le pain de ses bouviers et de ses pâtres !

Le vieux Kerden avait causé longuement avec moi, et j'étais fort heureux qu'il fût aveugle, car il m'aurait vu pâlir au moindre bruit, alors que j'espérais le retour d'Yvonnette.

Rose était retournée à Ploërnec avant moi. Yvon l'avait reconduite.

Je pris à mon tour congé du vieillard et me jetai en selle à la brune.

Quand je fus au sommet du coteau, j'aperçus Yvon qui revenait tristement. Il avait quitté Rose au bord de l'étang. Jamais, depuis la mort de madame de Ploërnec, un Kerden n'était allé plus loin.

— Monsieur, me dit-il en m'abordant, est-ce que vous croyez qu'il est loyal de se battre en duel sans témoins?

Je tressaillis.

— Pourquoi cette question? demandai-je.

— Parce que je veux me battre avec M. Lambesc et que je ne veux pas attendre qu'il ait trouvé des témoins; moi je n'ai pas le temps d'en chercher. Je ne sais pas tirer l'épée, quoique je sois gentilhomme; mais j'ai un bon fusil. On m'a dit que M. Lambesc était à la chasse du côté de Pleuc, et je vais aller attendre; je le forcerai à se battre au fusil, à vingt pas et sur-le-champ.

Yvon me disait tout cela si froidement que je le vis décidé à ne se point écarter d'une ligne de ce dramatique programme.

— Pourquoi voulez-vous vous battre avec lui?

— Pour le tuer, me dit-il avec un calme terrible.

— Mais encore...

— Je ne veux pas qu'il épouse Rose, parce que...

Yvon rougit comme un écolier pris en faute, et se tut, tournant et retournant avec gaucherie son bonnet de laine dans ses doigts.

— Parce que vous l'aimez, lui dis-je. Cela est aisé à voir. Mais vous ne vous battrez pas avec M. Lambesc.

— Je ne me battrai pas! s'écria-t-il impétueusement, nous verrons bien, par exemple; je l'assassinerais plutôt!

— Ce serait parfaitement inutile, car il n'épousera point mademoiselle de Ploërnec.

Yvon recula stupéfait :

— Êtes-vous fou? me dit-il.

— Pas le moins du monde.

— Il ne l'épousera pas! mais les bans sont publiés déjà, le contrat sera signé demain... dans quinze jours... qui pourrait empêcher?

— Moi, dis-je froidement.

— Il me regarda avec un étonnement croissant.

— Rentrez à la ferme, lui dis-je, et tenez-vous tranquille jusqu'à ce que vous appreniez que le mariage est rompu et que M. Lambesc est parti.

— Dites-vous vrai? me demanda-t-il avec défiance.

— Je le jure sur la cendre du Marquis-Rouge, mon aïeul.

Ce serment le convainquit; il me serra la main,

et, au lieu de prendre le chemin de Pleuc comme il en avait d'abord l'intention, il gagna la ferme et disparut bientôt derrière le coteau.

Je piquai mon cheval et arrivai promptement à Ploërnec.

Le baron et son hôte étaient rentrés. Le dîner était servi, on n'attendait plus que moi.

Le baron s'excusa de m'avoir laissé dormir le matin au lieu de m'emmener avec lui; et il m'offrit de l'accompagner le lendemain, ce que je crus pouvoir accepter sans difficulté et surtout sans nuire à mes projets relatifs au mariage.

Le dîner fut assez taciturne, malgré tous les efforts de M. Lambesc, qui fut étincelant de saillies et chercha à se lier avec moi.

— Voulez-vous, mon cher, me dit-il familièrement au dessert, faire un tour de parc et fumer un cigare? Je ne prends jamais de café, mon médecin me l'interdit.

— J'accepte, répondis-je, car j'ai à causer avec vous.

— Avec moi? et de quoi, bon Dieu?

— De choses fort sérieuses.

— En vérité! fit-il étonné.

— Oui, ajoutai-je tout bas, je veux vous entretenir d'une certaine histoire dont le héros principal est un... *soulier de satin!*

Et je le pris par le bras et l'entraînai.

VI

Rose faisait la partie de tric-trac de son père, quand nous gagnâmes le parc, M. Lambesc et moi.

Je sentis son bras frémir sous le mien, et j'en arguai que peut-être il avait peur déjà.

La nuit était venue, mais il faisait clair de lune. Soit reflet de l'astre nocturne, soit réalité, il me sembla que M. Lambesc était fort pâle.

Il m'offrit un cigare que j'allumai au sien. Nous nous dirigeâmes vers une grande allée qui aboutissait au lac, silencieux tous deux, tous deux vivement émus.

Enfin, il rompit le premier le silence, et me dit :

— De quelle histoire voulez-vous donc me parler?

— D'une histoire que vous connaissez, répondis-je.

— Bah!

— Histoire d'un soulier de satin, continuai-je en le regardant en face.

— Voilà qui est singulier, fit-il d'un ton dégagé où perçait cependant une vive émotion.

— Je veux parler du soulier de madame de Ploërnec.

— Madame de Ploërnec? Elle est morte depuis huit ans.

— Assassinée par son mari, murmurai-je au hasard.

Il recula d'un pas.

— Vous savez cela? fit-il tout troublé.

J'avais deviné. Maintenant M. Lambesc était-il complice du meurtre? On l'eût gagé à son émotion; et pourtant Yvonnette m'avait affirmé qu'il n'était jamais venu à Ploërnec et ne la connaissait point, et c'était à Ploërnec que la mère de Rose était morte.

— Je sais bien d'autres choses, poursuivis-je. Je sais, monsieur Hector Lambesc, qu'à Rennes, il y a seize ans, vous avez fait un pari infâme avec M. de Ploërnec.

— Plaisanterie, mon cher monsieur.

— Je maintiens l'épithète : c'était un pari infâme !

— Oh! dit-il négligemment, cela m'est parfaitement indifférent. Voyons l'histoire !

— Vous souvenez-vous d'un bal chez madame de R...?

— A merveille! madame de R... est une ravissante femme, aujourd'hui encore qu'elle a trente ans sonnés.

— Vous souvenez-vous pareillement du *media-noche* qui suivit?

— Pardon, j'y manquais.

— C'était précisément ce que je voulais vous faire dire. Et où étiez-vous?

— Monsieur, me dit M. Lambesc avec colère, vous prenez des tournures de juge d'instruction.

— Je le suis peut-être, répondis-je en lui serrant impérieusement le bras. Continuez.

Il y avait tant d'autorité dans le ton que je venais de prendre qu'il tressaillit et n'osa élever la voix à son tour.

— Si cela peut vous êtes agréable, monsieur, murmura-t-il avec un sourire forcé, je vous avouerai, bien qu'il en coûte à ma modestie, l'emploi galant de mon temps...

Je sentis ma main se crisper, et je fus sur le point de le frapper au visage ; mais je me souvins de la prière que m'avait faite Yvonnette, et je me contins.

— Voyons, lui dis-je froidement.

— Figurez-vous que madame de Ploërnec m'aimait...

— Vous croyez? fis-je avec indignation.

— Vous allez voir. Elle monta dans mon coupé, et… dame!…

— Vous l'emmenâtes chez vous?

— Précisément.

— Et le lendemain, elle oublia chez vous son soulier de satin blanc, n'est-ce pas?

— Vous l'avez dit.

— Et ce soulier vous l'expédiâtes…

— A ce pauvre Ploërnec, qui m'avait autorisé à courtiser sa femme. C'était un pari.

— Ah! vraiment?

— Mon Dieu! si vous en doutez, je puis vous en fournir une preuve irrécusable. Huit jours après l'enlèvement de mademoiselle de Kerden, je reçus le billet suivant :

« Mon cher Hector,

« Je suis l'homme le plus malheureux du monde; j'allais, tu le sais, épouser ma cousine, mademoiselle de Plougoulm. Soixante mille livres de rentes et orpheline! c'était à en perdre la tête! mais tu te souviens aussi de cette petite que j'ai enlevée, il y a huit jours, et qui est, ma foi! ravissante. Eh bien, mon cher ami, elle avait un frère, un frère brutal, un rustre, un homme qui a voulu m'assassiner; ce qui fait que j'ai épousé la petite sous la menace d'un coup de pistolet. Ne pourrais-tu me rendre un service, toi le Lovelace de l'École de droit? Tu es beau, mon ami, et tu peux beaucoup... le reste me regarde ; j'ai de mes proches à la cour royale, je tirerai sur toi avec une balle prise sur un bouchon à champagne...

« Je t'attends à Ploërnec sous huit jours. »

— Malheureusement, continua M. Lambesc, au moment où je reçus ce billet, je m'embarquais pour les Indes, où j'allais recueillir une succession importante. Je ne revins que huit ans après. A mon arrivée je me présentai chez Ploërnec, disposé à lui rendre le *service d'ami* qu'il m'avait demandé ; et vous savez, — je ne sais comment, par exemple, — vous savez si je lui tins parole.

— Monsieur! m'écriai-je en regardant M. Lambesc en face, vous mentez!

Il recula.

— Un démenti! fit-il en redevenant pâle.

— Vous mentez! repris-je. Madame de Ploërnec n'a point passé la nuit chez vous, madame de Ploërnec s'est élancée de votre coupé sur la chaussée, et son soulier est resté dans vos mains. Madame de Ploërnec est demeurée blottie et à demi folle de terreur dans un massif du bois de Boulogne. Monsieur, vous êtes un lâche et un misérable!

Il retrouva son sang-froid.

— Monsieur, me dit-il, vous m'insultez, et vous m'allez rendre raison.

— Un moment, je n'ai point fini. Vous allez épouser mademoiselle de Ploërnec?

— Dans la quinzaine, oui, monsieur.

— Et vous osez...

— Que voulez-vous? ce pauvre Ploërnec n'a pas d'autre moyen de me prouver sa reconnaissance.

Je reculai d'horreur.

— Savez-vous, lui dis-je, que je vais avoir un profond dégoût en croisant le fer avec un misérable tel que vous?

— Mon cher monsieur, répondit-il insolemment, vous êtes un impertinent?

Je levai la main sur lui, et cette fois je ne pus me contenir, je le frappai en pleine figure.

Il poussa un cri de rage :

— Des épées! hurla-t-il, allons chercher des épées!

— Venez, lui dis-je, si nous ne trouvons pas d'épées, au moins aurons-nous des pistolets... J'en ai chez moi.

— Cela vaut mieux peut-être, me dit-il; allez les prendre.

Je le laissai dans le parc et courus à la fenêtre de ma chambre, qui était demeurée entr'ouverte; mes pistolets étaient sur ma table, chargés et amorcés; j'enjambai la croisée et les pris.

Mais, au moment de rejoindre M. Victor Lambesc, cette pensée me vint.

— S'il me tue, il épousera Rose!

Et alors je pris mon carnet et un crayon, et je retournai à la place où je l'avais laissé.

Il était sombre et encore agité d'un tremblement convulsif; mais à la vue des pistolets il se calma aussitôt, et je reconnus en lui le duelliste habile, l'homme à qui les armes sont familières, et qui retrouve à point son sang-froid.

— Donnez-moi le mien, me dit-il vivement, et dépêchons-nous! Vous m'avez frappé...

Il venait à moi, je le clouai au sol d'un geste impérieux.

— Attendez donc! lui dis-je.

— Que voulez-vous encore?

— Si vous me tuez, épouserez-vous mademoiselle de Ploërnec?

— Pardieu! mon cher monsieur, elle a cinquante mille livres de rente en terres et bois, à peu près deux millions... Y renonceriez-vous à ma place?

— Donc, vous l'épouserez?

— Sans le moindre doute.

— C'est là précisément ce que je ne veux pas!

— Pardon, vous ne pourrez l'empêcher qu'en me tuant, et si, au contraire, c'est moi qui vous tue...

— Je l'empêcherai dans les deux cas.

Il ricana et me jeta un regard de défi.

— Tenez, lui dis-je tranquillement, vous voyez cet homme qui passe là-bas dans ce taillis?

— Oui, que m'importe?

— C'est un serviteur du château, sans doute, et il portera la lettre que vous allez écrire.

— Quelle lettre ?

— Voici mon carnet, déchirez-en une feuille, prenez ensuite ce crayon et écrivez sous ma dictée.

— Je ne vous comprends pas, me dit-il.

— Monsieur, fis-je avec colère, car ma patience s'en allait grand train, j'ai deux pistolets dans la main, je tiens votre vie au bout de leurs canons; vous allez m'obéir, ou je vous brûle la cervelle. Avez-vous compris ?

Je le vis frissonner.

— Vous voulez donc m'assassiner? fit-il d'une voix émue.

— Je le ferai si vous n'écrivez sur-le-champ ce que je vais vous dicter.

Il prit le carnet et le crayon. Sa main tremblait.

Je lui indiquai un banc qui se trouvait près de nous, et lui dis :

— Allez vous asseoir; je vous tiens à distance.

Il obéit.

— J'attends, me dit-il.

Je dictai aussitôt :

« Aujourd'hui, 3 mars 1848, à neuf heures du soir, j'ai écrit la déclaration suivante : J'ai essayé, il y a seize ans, de déshonorer madame de Ploërnec, née Marie de Kerden, et j'y ai réussi dans l'esprit de son mari, à qui j'ai envoyé un soulier de satin. Madame de Ploërnec était innocente, et je suis un misérable... »

Il fit un brusque mouvement.

— Je ne veux pas écrire cela! s'écria-t-il.

Je ne lui répondis point, mais j'armai mon pistolet.

Il courba la tête et écrivit.

Je continuai :

« Je renonce, dès aujourd'hui, à la main de mademoiselle Rose de Ploërnec, et je m'engage à quitter le château dès demain. »

— Signez, lui dis-je, quand il eut terminé.

Il signa et me tendit la feuille déchirée au carnet.

— Maintenant, ajoutai-je, vous venez de me lire un billet de M. de Ploërnec, donnez-moi ce billet.

— Par exemple! fit-il en ricanant.

— Je le veux !

— Mais je ne puis pas... balbutia-t-il.

— Monsieur, lui dis-je, je devine tout, maintenant, et je vois que ce billet est l'épée de Damoclès que vous suspendez sur la tête de M. de Ploërnec. Donnez-moi ce billet à l'instant, ou je vous tue !

Et je l'ajustai avec tant de sang-froid, qu'il déboutonna précipitamment son habit, ouvrit son portefeuille, en tira le billet que le temps avait jauni et me le tendit.

— Maintenant, me dit-il, nous pouvons nous battre, n'est-ce pas ?

— Pas encore, il faut que j'envoie auparavant à M. de Ploërnec...

Je cherchai des yeux l'homme que j'avais vu passer au travers des arbres et que je prenais pour un aide-jardinier. Je ne l'aperçus plus, mais un bruit se fit dans le massif voisin ; un homme en sortit brusquement, et nous reculâmes tous deux.

C'était M. de Ploërnec !

Il était pâle, il tremblait...

— Vous ne vous battrez pas, monsieur, me dit-il ; c'est moi qui me battrai !

Je le regardai, son visage bouleversé me fit pitié.

— Monsieur, continua-t-il, vous voyez cet homme, cet homme qui obéit et tremble parce que sa vie est en vos mains ; eh bien ! il y a huit ans que je suis son esclave ; et pourtant il a empoisonné mon existence, il m'a rendu criminel, j'ai du sang sur les mains, j'ai du sang dans les yeux, mes rêves en sont remplis! Il vous a raconté à sa manière l'histoire du soulier de satin, je vais vous la dire à mon tour :

J'écrivis ce fatal billet que vous tenez dans un moment de délire et de rage, une de ces heures où l'ambition déçue rend impitoyable et féroce.

Il partait, en effet, lorsqu'il le reçut, et il ne revint qu'au bout de huit ans.

A son retour, je n'étais plus le jeune fou qui se jouait de la vertu des femmes, l'impie qui ne croyait à rien. Ma femme était un ange, elle me rendait le plus heureux des hommes; je l'aimais avec passion...

Cet homme arriva. Je pâlis à sa vue, mais il me répondit avec son atroce cynisme :

— Je suis demeuré aux Indes fort longtemps, mais que veux-tu? on est subordonné à tant d'événements dans la vie! Heureusement me voici, je viens tenir ma promesse!

— Quelle promesse? demandai-je avec terreur.

— Mais, me dit-il, j'ai là un billet de toi...

— Oh! lui dis-je, je te remercie, je n'ai plus besoin... j'ai réfléchi...

— Bah!

— J'aime ma femme, à présent.

— Tant pis, me dit-il, car je reviens de l'Inde tout exprès.

— Je suis désolé... balbutiai-je.

— Je le suis plus que toi, mon cher, car je trouve ta femme charmante...

— Je voulus m'emporter ; il me dit avec calme : Voici ce que nous allons faire : tu m'inviteras à dîner souvent, je deviendrai ton commensal...

— Mais je ne veux pas ! m'écriai-je.

— Et moi je le veux !

— Mais je te tuerai !

— Doucement, tu oublies ton billet, mon cher.

— Eh bien ? fis-je hors de moi.

— Eh bien ! je vais, si tu le préfères, le faire imprimer ; cela me coûtera quelques mille francs, voilà tout !...

Je pâlis et reculai.

— Et tu ne nieras pas ta signature, baron, reprit-il avec ironie, car je conserverai soigneusement l'original.

— Mais c'est infâme ! m'écriai-je.

— Préfères-tu que je montre ce billet à madame de Ploérnec ?

Je courbai la tête et me tus.

— D'ailleurs, me dit-il, je ne te demande nullement ton assistance, je ne veux qu'une chose : être reçu chez toi tous les jours. Le reste me regarde.

— Mais, lui dis-je, je la tuerai !

— Comme tu voudras : c'est ton droit !

— Cet homme suspendait le déshonneur sur

moi, je courbai le front. Vous savez ce qui est arrivé. J'ai cru à la culpabilité de ma femme, et j'ai commis un crime affreux... Cet homme n'a point été satisfait; il est venu à moi de nouveau, il m'a dit : « Je veux épouser ta fille ! »

J'ai refusé d'abord.

— Préfères-tu, m'a-t-il répondu, préfères-tu que j'écrive deux lignes au juge d'instruction pour le prier de faire une enquête sur la mort de madame de Ploërnec en lui donnant ton billet comme indice ?

— Vous le voyez, reprit M. de Ploërnec avec rage, vous le voyez, monsieur, cet homme me tenait, cet homme était devenu mon maître, il m'avait garrotté, enchaîné... je lui appartenais corps et âme... mon honneur, celui de ma fille étaient en son pouvoir. Que pouvais-je faire ?

M. de Ploërnec était hors de lui.

Il m'arracha l'un des pistolets et me dit :

— Laissez-moi me battre, monsieur ; la vie de cet homme m'appartient... Je veux sa vie !

M. Hector Lambesc demeurait sombre et morne devant nous. Sa pâleur attestait son épouvante... peut-être ses remords.

M. de Ploërnec lui jeta l'un des pistolets.

— A dix pas, lui dit-il, et feu en même temps.

M. Lambesc ramassa le pistolet et compta dix pas.

Mon rôle venait de changer subitement : d'acteur j'étais devenu simple spectateur de cette scène terrible. J'allais être l'unique témoin de ce duel au clair de lune, duel sans merci, qui devait se terminer par la mort de l'un de ces deux hommes dont la vie commune avait été une longue complicité de crimes et d'infamies!

Seulement, je faisais maintenant des vœux secrets pour M. de Ploërnec. Son repentir me touchait et j'avais pitié de lui! Avant de prendre sa place de combat, il se tourna vers moi et me demanda ma main.

— Monsieur, me dit-il, mon testament est dans mon bureau. Vous l'ouvrirez si je meurs, et vous y trouverez un secret terrible que je n'ai ni le temps ni le courage de vous révéler; mais il vous dictera votre conduite, j'en suis persuadé. Je vous recommande ma fille... et mon honneur! Soyez assez bon pour frapper trois coups dans vos mains et donner le signal.

Les deux adversaires se placèrent à dix pas l'un de l'autre, s'ajustèrent et attendirent.

Le cœur me battait bien plus que si ma vie eût été en jeu; cependant j'eus assez de sang-froid pour donner méthodiquement le signal.

Deux coups de feu partirent en même temps et avec un ensemble si parfait, que je n'entendis qu'une seule explosion; en même temps M. de

Ploërnec poussa un cri étouffé et tomba, M. Hector Lambesc porta la main à sa poitrine avec un geste de douleur, il chancela une seconde, mais il ne tomba point, il resta debout.

Je fus un moment étourdi et je ne songeai point d'abord à courir à M. de Ploërnec pour lui porter secours; un cri de femme qui retentit près de moi acheva de me paralyser.

Ce cri venait d'être poussé par Yvonnette, qui arrivait de Pleuc au rendez-vous qu'elle m'avait donné et qui, entendant un coup de feu dans les massifs, était arrivée éperdue.

Elle se précipita vers M. de Ploërnec et se pencha sur lui frissonnante.

M. de Ploërnec vivait encore; alors elle se releva lentement et alla à Hector Lambesc.

Les rayons de la lune éclairaient en plein son visage: M. Lambesc la regarda machinalement, et soudain, frappé par cette ressemblance étrange des deux sœurs, croyant voir le fantôme de sa victime, il recula d'épouvante et poussa un cri terrible.

— Elle, s'écria-t-il; elle!

— Monsieur, lui dit-elle avec douceur, vous allez mourir, je le vois à la pâleur livide de votre front et au sang qui jaillit de votre poitrine. Mourrez-vous sans vous repentir?

Il frissonnait et chancelait, et il plaçait ses

mains sur ses yeux pour ne point voir l'ombre vengeresse. Pourtant il demeurait debout.

— Mourrez-vous, reprit-elle, sans avouer que madame de Ploërnec n'était point coupable, et laisserez-vous mourir M. de Ploërnec sans qu'il sache...

— Vous étiez innocente! murmura Lambesc sourdement et croyant toujours qu'il parlait au fantôme de madame de Ploërnec. Dieu me pardonne!

Et il tomba raide mort.

Quant à M. de Ploërnec, il vivait, il avait le délire, et il attachait ses yeux hagards et d'une effrayante immobilité sur Yvonnette, qui s'etait de nouveau agenouillée près de lui et lui soutenait la tête. Alors la torpeur qui s'etait emparée de moi et m'avait paralysé pendant cinq minutes parut m'abandonner; je retrouvai mes jambes et ma voix, je courus, j'appelai au secours...

Au château, on avait entendu les coups de pistolet et les serviteurs accouraient.

On transporta M. de Ploërnec dans son lit. Un domestique courut à Pleuc ventre à terre et en ramena un médecin.

Le médecin sonda la plaie, hocha la tête et répondit :

— C'est un homme presque mort, cependant il peut vivre.

Nous passâmes, Yvonnette et moi, la nuit au chevet du moribond, n'osant nous parler, ni même nous regarder.

Yvonnette pleurait; moi, j'étais sombre et recueilli. Pourtant, au matin, je fis un effort suprême, je pris les mains d'Yvonnette dans les miennes et je lui dis :

— Savez-vous bien que je vous aime?

VII

Yvonnette me regarda en pâlissant; — et puis son œil effrayé se dirigea vers M. de Ploërnec.

M. de Ploërnec avait le délire et semblait obsédé de visions menaçantes.

— Oui, repris-je avec la véhémence de la passion, — oui, je vous aime, Yvonnette, je vous aime comme jamais femme ne fut aimée!...

— Taisez-vous, me dit-elle en plaçant sa main sur ma bouche avec un geste d'effroi, taisez-vous!

— Non, murmurai-je, non, je ne me tairai pas, car mon amour est pur et saint comme vous, Yvonnette, car nulle autre femme ne m'a vu à ses genoux comme vous m'y voyez et ne m'a entendu lui faire un semblable aveu...

— Au nom du ciel! fit-elle d'une voix tremblante, monsieur de L..., taisez-vous! ne me parlez point d'amour...

— Oh! lui dis-je, me méprenant à son émotion, c'est que vous n'avez jamais aimé, Yvonnette, c'est que jamais vous n'avez posé votre main sur un noble cœur, qui bat d'enthousiasme près de vous... Et ce mot d'amour, ce mot vous effraye... C'est que vous êtes vierge, Yvonnette; vierge de sens et de cœur...

Elle m'interrompit.

— Ne voyez-vous pas, me dit-elle avec ce sourire triste que j'aimais tant, ne voyez-vous pas que je ne suis qu'une pauvre paysanne?

— Vous êtes plus belle et plus noble, plus grande et plus sainte, ô mon Yvonnette, que les reines vantées de nos salons de Paris.

— Mais, voyez mes sabots, murmura-t-elle avec une adorable expression d'humilité...

— Je voudrais vous chausser de satin, répondis-je.

— Ah! oui, fit-elle en pâlissant, des mules de satin!

Je venais, sans le vouloir, de faire saigner la plaie cachée de cette femme.

— Mon Dieu! repris-je, qui pourrait s'opposer à notre union, ô mon Yvonnette? Nos aïeux étaient amis, nous sommes pairs par la race, je suis riche, je le serai plus encore, vous êtes libre, je le suis. Nous sommes du même âge...

— J'ai trente ans, me dit-elle.

— C'est l'âge où la beauté rayonne, m'écriai-je.

— C'est l'âge où elle décline, répondit-elle Trente ans! mais ce mot-là ne vous désillusionne donc point, mon ami? Trente ans! l'automne de la jeunesse, l'heure où les fruits de la vie commencent à mûrir et entraînent de leur poids la branche qui les soutient! Trente ans! mais quelques jours encore, et je ne serai plus qu'une femme flétrie et fanée.

— Vous serez toujours belle. La vieillesse passera près de vous sans se détourner pour vous insulter.

— Enfant! Mais ne savez-vous donc pas que j'ai versé tant de larmes, passé tant de nuits sans sommeil, que l'heure est proche où mes cheveux blanchiront.

— Oh! ne blasphémez pas..... Vous êtes si belle!

— Mais vous ignorez donc que traîner une vieille femme après soi dans le chemin si long et si nu de la vie, est un supplice sans nom pour l'homme jeune encore dont la tête n'a point enfanté son dernier rêve, le cœur chanté son dernier hymne d'amour?

— Mais vous êtes la plus noble et la plus sainte des femmes, Yvonnette. Que m'importe que l'aile du temps vous effleure quelques jours plus tôt et que l'automne de votre jeunesse soit le printemps de notre amour? Ce n'est point seulement votre beauté que j'aime, Yvonnette, c'est votre cœur si pur et si grand...

Elle m'interrompit encore :

— Vous êtes un fou, me dit-elle. Croyez-vous que le monde vous tiendra compte de ce cœur que vous vantez sans le connaître, de ces qualités ignorées et timides qui ne rayonnent point comme la beauté, qui n'étincellent point comme l'esprit ? Et quand la bise brutale des ans aura soufflé sur les derniers vestiges de cette beauté déjà flétrie, lorsque vous me conduirez, moi, ridée, amaigrie, le fantôme vivant de moi-même, ceux qui me verront à votre bras, — vous jeune, beau, admiré, ne diront-ils point avec un sourire : — Voilà M. de L... et sa mère ?

Et puis, mon ami, oubliez-vous donc que je suis une paysanne, une paysanne dont l'enfance s'est écoulée au milieu de nos landes bretonnes et de nos tristes coteaux ?

Oubliez-vous qu'hier encore je vous ai servi à table, essuyant avec ces mains que vous trouvez belles la grossière vaisselle de nos bouviers ?

Oubliez-vous...

Je l'arrêtai à mon tour.

— Mais vous voulez donc que je meure ?

Elle se leva terrifiée, plus pâle et plus triste que je ne l'avais vue encore ; et, me tendant la main :

— Monsieur de L..., me dit-elle avec émotion, partez! retournez à Paris, vous m'oublierez aisément... D'ailleurs, il le faut!

— Vous oublier, Yvonnette! Le puis-je? m'écriai-je hors de moi et le cœur palpitant.

— Il le faut! murmura-t-elle tristement. Je ne suis point libre...

Ce mot me foudroya, et il y eut une telle expression d'épouvante dans mon regard, qu'elle frissonna des pieds à la tête et jeta un coup d'œil éperdu à M. de Ploërnec.

M. de Ploërnec râlait péniblement, on eût juré qu'il avait un commencement d'agonie.

— Vous n'êtes point libre! exclamai-je avec l'accent du délire et de la folie; mais je fais donc un rêve affreux?

— Mon Dieu! mon Dieu! murmura-t-elle, mon Dieu! ayez pitié de moi...

Mais je l'avais saisie par le bras, je la serrais avec force; je la regardais avec fureur, et enfin je m'écriai :

— Mais dites-moi donc pourquoi vous n'êtes point libre!

Elle hésita une minute, et puis elle regarda le moribond, puis elle hésita encore; et elle murmura enfin d'une voix éteinte :

— Je suis madame de Ploërnec!

Je ne poussai pas un cri, je ne fis pas un geste, mais je tombai lourdement sur le parquet...

Cette révélation m'avait foudroyé.

Quand je revins à moi, Yvonnette me prodiguait ses soins; et nous étions seuls encore, seuls auprès de M. de Ploërnec, dont le délire augmentait, et qui, plus que jamais, était proche de la mort.

Tenez, mon ami, ce qui me passa alors dans le cœur et dans la tête, à moi qui, jusque-la, n'avais été ni méchant, ni envieux, m'a prouvé que l'homme était, à certaines heures, le plus féroce, le plus criminel des êtres créés.

Un homme râlait et se tordait près de moi dans les convulsions dernières de l'agonie; cet homme souffrait horriblement, et le remords que trahissaient ses visions effrayantes doublait sa souffrance... Eh bien! je fus pris d'une haine atroce pour cet homme, et je trouvai qu'il mourait bien lentement...

. . . .

Quand la fièvre m'abandonna, lorsque je fus plus calme, je regardai Yvonnette : elle pleurait auprès de moi et elle m'avait abandonné sa main.

— N'ai-je point rêvé? lui demandai-je.

— Non, me répondit-elle.

— Vous avez raison, murmurai-je, j'avais sur

les yeux un voile de plomb, et j'aurais dû deviner qu'une paysanne...

— Je le suis désormais, me dit-elle, et bien d'autres le croiront.

— Mais M. de Ploërnec n'a donc point...

Je vis Yvonnette pâlir de nouveau :

— Cet homme a du sang sur les mains me dit-elle. Cet homme est un assassin !

M. de Ploërnec était à son heure dernière, je croyais déjà qu'Yvonnette m'appartenait.

Une ardente curiosité s'empara de moi, et je lui dis :

— Expliquez-moi donc cet étrange mystère?

— Il le faut bien, murmura-t-elle, pour que vous me croyiez, car c'est étrange...

Elle se renversa péniblement dans son fauteuil, brisée qu'elle était par tant de secousses; elle passa la main sur son front pour rassembler ses douloureux souvenirs, et elle me dit enfin :

— Deux heures après mon retour à l'hôtel, nous étions en chaise de poste, M. de Ploërnec et moi, et nous quittions Paris pour venir ici *dévorer notre honte*, ainsi qu'il l'avait dit.

M. de Ploërnec était redevenu calme en quelques heures; vers la fin de la journée il parut même de bonne humeur.

Cependant il évita de m'adresser la parole autant que cela lui fut possible.

Le lendemain, nous nous remîmes en route ; la bonne humeur de M. de Ploërnec reparut, il causa longuement avec moi de l'éducation à donner à notre enfant, de nos projets d'avenir, de certaines spéculations de bourse et de chemins de fer, qu'il comptait faire pour augmenter sa fortune...

— J'eus un rayon d'espoir.

— Peut-être, pensai-je, croit-il maintenant à mon innocence, et son orgueil seul l'empêche de me l'avouer et de me faire des excuses.

Il fut parfait durant le reste du voyage. Nous arrivâmes à Ploërnec sans qu'un mot ayant trait à ce qui s'était passé à Paris, la veille de notre départ, sortît de sa bouche.

D'ailleurs notre enfant était avec nous et me protégeait de sa présence.

Parfois cependant, en voyant les lèvres crispées du baron, j'avais peur et me disais que l'orage éclaterait bien certainement à Ploërnec ; je me trompais, il ne me parla de rien le soir de notre arrivée, ni les jours suivants.

Dès le lendemain, il me dit :

— Vous devriez aller à la ferme voir votre père et ramener votre sœur Yvonnette. Vous savez bien que je n'ai aucune répugnance à la voir au château. Au contraire, elle est une compagne pour vous, aux heures d'ennui, et malheu-.

reusement ma passion de chasseur vous inflige souvent de ces heures-là.

M. de Ploërnec me disait tout cela avec calme, d'un ton presque affectueux. Je lui obéis. Le soir j'allai dîner à la ferme, et je sus cacher ma tristesse à tous.

J'y passai la nuit. Le lendemain Yvonnette revint avec moi. Yvonnette ne savait pas un mot de français, et M. de Ploërnec, bien qu'il fût du pays, ignorait presque entièrement notre langue bas-bretonne et la comprenait difficilement.

Aussi ma sœur et mon mari causaient-ils rarement ensemble. J'avais même remarqué qu'Yvonnette avait pour lui une répulsion secrète. Cette répulsion était-elle l'effet d'un de ces pressentiments inexplicables qui nous assaillent à certaines heures de la vie? Venait-elle tout simplement de la haine profonde qu'on avait à la ferme pour le nom de Ploërnec? Je n'ai jamais pu le savoir.

De son côté, M. de Ploërnec, qui connaissait le motif premier de la haine des Kerden pour sa race, évitait ordinairement Yvonnette, sans manquer cependant de soins minutieux et de ces égards qu'un homme du monde a toujours pour une femme, cette femme serait-elle son ennemie.

La passion pour la chasse de M. de Ploërnec

parut augmenter cette année-là, dès le lendemain de son arrivée au château. Il partait le matin, il revenait fort tard, et presque toujours nous l'attendions, pour dîner, jusqu'à huit heures.

Il était gai pendant les repas, mais les repas terminés il disparaissait.

Presque chaque soir, nous reconduisions Yvonnette en traversant l'étang dans notre chaland.

Yvonnette sautait lestement sur la berge et prenait le sentier de la ferme tandis que le chaland virait de bord.

M. de Ploërnec, gai jusque-là, devenait alors rêveur et mélancolique, parfois son visage prenait une teinte d'ironie farouche qui disparaissait aussitôt que je levais les yeux sur lui.

Je sentais bien alors qu'il n'oubliait et ne pardonnait point, mais j'espérais que notre enfant serait mon égide.

Un jour, M. de Ploërnec m'annonça qu'il allait passer une huitaine à cinq lieues de Pleuc, chez M. de B..., un vieil ami, chasseur enragé, et qui avait les plus beaux équipages de sanglier et de loup de tous les environs. M. de Ploërnec devait réunir ses chiens à ceux de M. de B... pour organiser un grand laisser-courre, auquel assisteraient les gentilshommes du pays, avec lesquels il était lui-même lié d'une façon plus ou moins intime.

Le sombre silence de M. de Ploërnec me pesait; sa présence était pour moi une torture, car il ne souffrait jamais que j'essayasse de me justifier. J'accueillis donc son départ avec une certaine joie.

C'était huit jours de paix, presque de bonheur, que je consacrais à Yvonnette, à mon vieux père et à Yvon. J'étais d'une nature enjouée chaque fois que je me trouvais avec ma sœur; nous avions l'une pour l'autre cette affection profonde qui est presque de l'amour entre les jumeaux.

A Paris j'étais soucieuse, car Yvonnette me manquait; mais, arrivée à Ploërnec, je redevenais gaie, joyeuse, presque enfant.

Je n'avais jamais eu pour M. de Ploërnec qu'une affection qui tenait du devoir bien plus que de l'amour. Sa conduite récente, les révélations de M. Hector Lambesc touchant ce pari infâme dont j'avais été l'enjeu, à mon insu, avaient brisé cette affection.

Je n'aimais plus mon mari, j'avais presque du mepris pour lui. Mon enfant était le seul lien qui nous enchaînât encore; si mon enfant fût morte, j'aurais bien certainement abandonné le château pour retourner auprès de mon père. M. de Ploërnec parti, je me sentis plus gaie, plus insoucieuse qu'à l'ordinaire, j'allai à la ferme tous les jours, j'en revins chaque soir avec Yvonnette qu'Yvon venait chercher ensuite au bord de l'étang.

Yvonnette me ressemblait toujours ; ses mains étaient restées blanches, le hâle des champs et du soleil l'avait respectée ; et quand, à Ploërnec, elle revêtait mes habits, on eût juré que c'était moi. M. de Ploërnec s'y fût trompé. Si de mon côté j'avais endossé le corsage de futaine et la jupe rayée d'Yvonnette, tout le monde, même les serviteurs de la ferme et du château m'eussent pris pour elle.

Un soir, après le dîner, la fantaisie nous prit de changer de rôle. Mon père était aveugle, Jean était parti depuis cinq ans ; nous voulûmes voir si le petit Yvon, — nous l'appelions encore ainsi, car il était notre cadet de cinq ou six ans, — nous reconnaîtrait ou s'y tromperait lui-même.

Nous changeâmes donc de vêtements, et moi en paysanne, Yvonnette en robe de soie, nous montâmes dans le chaland et gagnâmes l'autre rive.

Là, Yvonnette vira de bord ; et tandis que j'allais à la ferme, elle retourna à Ploërnec.

— Bonjour, sœur, me dit Yvon, lorsque j'entrai dans la ferme.

— Est-ce Yvonnette? demanda mon père. Depuis que je suis aveugle, je ne puis plus les distinguer, car elles ont le même son de voix.

— C'est moi, Yvonnette, répondis-je.

Yvon me regardait avec attention.

— C'est fort drôle, me dit-il, mais tu as les mains bien blanches, petite. Depuis que notre sœur est arrivée, la paresse te sert d'essence pour les polir et les rendre mignonnes.

C'était là tout ce qu'Yvon avait remarqué. Il est vrai que la nuit était venue avant mon arrivée, et que les reflets du foyer éclairaient seuls mon visage.

Je soupai à la ferme; bien mieux je m'acquittai avec une folle joie de tous les détails de ménage qui concernaient ma sœur habituellement; aucun des valets de ferme ne prit garde à mes mains, et tous me prirent pour elle; cependant, vers neuf heures, un vague pressentiment me passa dans l'esprit, et me tournant vers Yvon :

— Il faut que je retourne à Ploërnec, Marie m'attend.

Yvon prit son fusil.

— Je vais te conduire, me dit-il.

Nous partîmes. Arrivés au bord de l'étang, il me quitta. La lune était levée, la nuit splendide, et je voyais fort distinctement les tours du château.

Je suivis le sentier bordé de peupliers qui longeait l'étang et décrivait une courbe; tout à coup, j'aperçus sur la berge un homme immobile, assis sur un tronc de peuplier, la tête cachée dans ses mains et qui paraissait plongé en une rêverie profonde : je m'approchai et tressaillis : c'était M. de Ploërnec! il n'y avait que cinq jours qu'il était parti, et il en devait passer huit chez M. de R...

Ce brusque retour m'effraya; je le secouai par le bras, car il ne m'avait ni vue ni entendue; et soudain, levant la tête, il poussa un cri étrange et recula épouvanté.

— Yvonnette! murmura-t-il, Yvonnette!

— Je ne suis point Yvonnette, répondis-je; c'est moi, monsieur, moi votre femme...

Vous peindre sa stupeur, l'effroi, l'horrible surprise qui éclatèrent sur le visage de M. de Ploërnec, à ces mots que j'avais prononcés en français, langue qu'ignorait Yvonnette, est au-dessus de mes forces; tout ce dont je me souviens, tout ce qui me frappa en cet instant fatal, ce fut le tremblement convulsif et le délire qui s'emparèrent de cet homme, qui me parut alors le plus hideux et le plus féroce des êtres créés.

Dieu permit qu'en ce moment j'eusse une de ces demi-révélations du passé qui illuminent les heures les plus ténébreuses; je le secouai de nouveau et lui dis :

— Mais qu'avez-vous, mon Dieu! qu'avez-vous donc? Quel malheur est-il donc arrivé? Quel crime avez-vous commis?

Il se dégagea de mon étreinte, et recula vivement en criant d'une voix que l'effroi dominait :

— Ne m'approchez pas! ne m'approchez pas

— Mais enfin? demandai-je de plus en plus atterrée.

— J'ai du sang sur les mains! répondit-il comme un fou, ne m'approchez pas!

Il essaya de fuir; je courus après lui, je le saisis avec une violence telle que son épouvante augmenta :

— Où donc est Yvonnette? Qu'avez-vous fait de ma sœur Yvonnette? m'écriai-je. Mais, répondez, monsieur, répondez donc!

Il étendit sa main vers l'étang; ce geste était terrible d'éloquence, ce geste disait tout.

— Je me suis trompé! murmura-t-il.

Et il tomba à la renverse, anéanti, foudroyé.

Oh! je ne sais ce qui se passa alors et combien d'heures s'écoulèrent; mais, à minuit, j'étais encore sur la berge de l'étang, questionnant cet homme avec une colère terrible, et n'obtenant de lui que d'incomplets aveux. Pourtant je finis par savoir la vérité tout entière, et cette vérité la voici :

M. de Ploërnec m'avait amenée en Bretagne avec l'intention de m'assassiner, pour venger son honneur, qu'il avait cru foulé aux pieds. Son voyage chez M. de B... avait été un pretexte, car depuis cinq jours il se cachait chez un de ses métayers, et venait chaque nuit errer au bord de l'étang que je traversais tous les soirs pour conduire Yvonnette. Quatre fois de suite le cœur lui avait manqué, car il m'aimait encore ; mais grisé ce jour-là, éperdu, hors de lui, lorsqu'il avait vu revenir le chaland, conduit par Yvonnette, qu'il prenait pour moi, il s'était jeté a la nage, au risque de se noyer dans les hautes herbes, avait accosté le chaland, et alors, trompé par mes vêtements, car la lune n'était point levée encore, il avait saisi Yvonnette dans ses bras pour la terrasser.

Une lutte terrible s'était engagée entre eux, lutte furieuse de la part de M. de Ploernec, que la résistance exaspérait, lutte désespérée de la part d'Yvonnette.

M. de Ploërnec était robuste, la fureur doublait ses forces, tandis que l'effroi paralysait Yvonnette ; il finit par la saisir au milieu du corps et il la lança dans l'étang.

Yvonnette ne savait pas nager, mais ses vêtements la soutinrent un moment sur l'eau et elle se fût cramponnée au chaland, si M. de Ploërnec, d'un coup d'aviron, ne s'était éloigné soudain de plusieurs brasses.

Alors, il avait gagné la berge la plus proche, tandis que ma malheureuse sœur se noyait, et là, pris de remords, d'effroi, il s'était assis sur ce tronc d'arbre où je l'avais trouvé plus de deux heures après.

. . . .

Quand le jour vint, ma colère cédait enfin à la lassitude, et mes yeux enflammés se mouillèrent de larmes. Un nom, un souvenir, une image, me rendirent quelque force : « Ma fille ! » Et alors, je ne parlai plus à M. de Ploërnec du bourreau ; le nom du bourreau me donna le frisson, le mot d'échafaud me terrifia.

L'échafaud ! c'est-à-dire le sang paternel rejaillissant sur le front de ma petite Rose et le souillant d'un stigmate indélébile ; la honte sur le nom de Ploërnec, son nom à elle ! Je tremblai en faisant ces réflexions sinistres, et je fus partagée entre cette cruelle alternative de laisser le meurtre de ma sœur impuni ou de déshonorer à jamais mon enfant.

Enfin le sentiment maternel l'emporta sur tout autre ; je forçai M. de Ploërnec à m'écouter avec calme, et je lui dis :

— Quand on a eu l'atroce sang-froid nécessaire pour commettre un crime, monsieur, il faut avoir celui de dérober ce crime à toutes les investigations. Il ne faut pas, il est impossible que vous ayez assassiné ma sœur; ma sœur a dû se noyer, elle a été la malheureuse victime de votre inexpérience à conduire le chaland.

Il me regarda avec étonnement :

— Mon Dieu! fit-il d'une voix sombre, si vous n'étiez point coupable, vous qui venez me parler ainsi !

— Peu vous importe, répondis-je avec hauteur, je ne vous reconnais plus le droit d'élever en doute ma culpabilité ou mon innocence. Le seul lien qui nous ait unis a été noué par une infamie, monsieur, il était le résultat d'un pari : ce lien se brise aujourd'hui, car vous avez du sang sur les mains! Arrière, je ne vous connais plus. L'avenir de mon enfant me fermera seul la bouche.

Il lui échappa un cri d'angoisse auquel je ne pus pas me tromper : cet homme m'aimait encore. Il était à genoux, les mains jointes, le visage baigné de larmes, il me suppliait; je le repoussai d'un geste et lui dis :

— Ce n'est point Yvonnette qui s'est noyée, c'est madame de Ploërnec. A partir de ce jour, Yvonnette, c'est moi !

Il me regarda avec stupeur ; je lui montrai mes vêtements.

— Voyez-vous ces habits? ce sont ceux d'Yvonnette. J'avais voulu savoir si la ressemblance frappante que j'avais avec elle abuserait tout le monde; lorsque j'aurais son costume ; je viens de la ferme, on m'a prise pour Yvonnette; nul n'a deviné sous cette jupe de serge madame la baronne de Ploërnec. Mon père est aveugle, Jean est à l'armée, Yvon seul finira par me reconnaître ; mais je le domine entièrement, comme le dominait Yvonnette : Yvon saura tout et ne dira rien. Adieu, monsieur, madame de Ploërnec est morte, mais Yvonnette vit, et elle veille de loin sur son enfant.

Voilà comment, acheva la pauvre femme avec un sanglot, madame de Ploërnec est, depuis huit ans, la fermière Yvonnette...

VIII

Je me jetai aux pieds de cette femme sublime, je pris ses mains que je couvris de baisers et je murmurai :

— Je vous ai dit que je vous aimais, madame, je puis vous le dire encore, vous le dire aujourd'hui, bien plus loyalement et sans crainte qu'hier.

— Expliquez-vous, fit-elle avec anxiété.

Je lui montrai M. de Ploërnec, que le délire n'abandonnait point.

— Le dernier lien qui vous unissait à cet homme va se briser; ne voyez-vous pas que la mort plane déjà sur son front, et que madame de Ploërnec sera veuve dans quelques heures.

— Taisez-vous! me dit-elle vivement; ne spéculons point sur la mort. En ce moment, monsieur, je suis madame de Ploërnec, dont le mari vit encore, et qui est assez honnête femme pour fermer l'oreille à tout mot d'amour. D'ailleurs, mon ami, ajouta-t-elle d'une voix plus douce, si

M. de Ploërnec mourait, ce ne serait point sa veuve que vous épouseriez, mais l'humble fermière, la fermière en sabots...

Je l'interrompis d'un geste de prière.

— Ne voulais-je point épouser Yvonnette?

Elle eut un pâle sourire.

— M. de Ploërnec n'est point mort, dit-elle, et il nous faut faire tous nos efforts pour le sauver. Ainsi taisez-vous, mon pauvre ami, et, ajouta-t-elle avec tristesse, guérissez-vous... c'est le plus sage.

Le docteur revint; il tâta le pouls du malade et trouva qu'il avait pris une certaine force.

— Si le délire se calme, dit-il, il y aura quelque espoir de salut.

— Tenez, mon ami, me dit Laurent avec un sourire navré, s'il a été dans ma vie un moment terrible, c'est a coup sûr celui-là; j'ai été dans l'atroce alternative de renoncer à mon amour ou de souhaiter la mort d'un homme...

Nous passâmes deux jours, madame de Ploërnec et moi, au chevet du moribond; nous le soignâmes avec l'attention la plus empressée, la plus minutieuse; pas un mot d'amour ne nous échappa, nous paraissions n'avoir qu'un seul but, sauver le blessé.

Le troisième jour, le délire se calma et fut suivi d'un peu de sommeil.

— Je réponds de lui maintenant, dit le docteur, et je ne crains plus qu'une chose.

— Laquelle? demandai-je avec une anxiété que je ne m'expliquerai certainement jamais.

— Un étouffement, répondit-il.

— Adieu, monsieur, dit alors madame de Ploërnec à son mari lorsqu'il se fut éveillé et que le docteur eut disparu ; vous êtes hors de danger et vous n'avez plus besoin de moi.

— Oh! restez... murmura-t-il d'une voix affaiblie par le délire, restez... Si vous saviez combien... je vous aime...

— Vous savez bien que c'est impossible... lui dit-elle avec un sourire de pardon, je ne suis qu'Yvonnette la fermière. Elle lui tendit sa main qu'il porta avidement à ses lèvres brûlantes, et elle se dirigea vers la porte.

Sur le seuil, elle se retourna, et lui dit :

— Monsieur, ma fille est aimée de son oncle Yvon. Lui refuserez-vous sa main?

Il fit un signe de tête.

— Je vous remercie, dit-elle, car ainsi vous me la rendez.

Puis elle me tendit la main et murmura d'une voix étouffée.

— Adieu, monsieur de L..., adieu!...

. . . .

Il etait tard alors; un domestique s etait assis

au chevet du malade; je ne pus voir s'eloigner Yvonnette sans un atroce serrement de cœur, et me levant comme un fou, je courus après elle.

— Où allez-vous, monsieur? me demanda-t-elle avec effroi.

— J'ai besoin de passer une dernière heure avec vous, répondis-je; me refuserez-vous de vous accompagner jusqu'à la ferme.

Elle pâlit et hésita.

— A quoi bon? murmura-t-elle.

— Quand un homme est condamné à mort, balbutiai-je, ses geôliers et ses juges se font un barbare plaisir de satisfaire ses moindres caprices à la veille de son supplice. Je suis condamné, moi, sinon à la mort physique, du moins a la mort de l'âme. — Serez-vous plus cruelle que les juges et les bourreaux, et me refuserez-vous le seul moment de bonheur auquel je puisse encore prétendre en ce monde, une heure passée auprès de vous?

Elle m'écoutait les yeux baissés, et je vis deux larmes briller au bord de ses longues paupières.

— A quoi bon, dit-elle tout bas, à quoi bon prolonger notre mutuelle souffrance?

Ces derniers mots m'arrachèrent un cri.

— Vous m'aimez donc? lui demandai-je.

— Cela ne m'est point permis, murmura-t-elle.

— Et... si vous étiez libre ?

Je me mis à genoux et je pris ses mains ; elle les retira aussitôt et ajouta :

— Je ne le suis pas. Tenez, pas un mot de plus, venez avec moi, si vous le voulez, vous me quitterez avant d'arriver à la ferme.

Il était environ cinq heures alors. La journée avait été belle, la soirée était delicieuse ; on eût dit la fin d'un jour de printemps.

Quelques rayons épars du soleil couchant glissaient encore çà et la sur la crête des coteaux et la cime des châtaigniers ; les hirondelles, arrivées de la veille, rasaient l'étang de leur aile grise et noire ; il s'échappait des champs, des prairies et des sentiers bordés de haies un vague parfum qui enivrait l'âme et calmait le cœur endolori ; un silence plein de recueillement et de poésie toute religieuse régnait autour de nous, et les arbres du parc que nous laissions derrière nous s'inclinaient à peine au souffle léger d'une brise attiedie.

Deux jours auparavant, j'avais suivi, par une soiree non moins belle, le même sentier que nous prîmes, Yvonnette et moi, et dans lequel nous nous engageâmes à petits pas.

Ce jour-la j'étais seul. Sa main ne s'appuyait point sur mon bras. J'étais seul à écouter le doux murmure du vent, des ruisseaux et des oisillons caquetant dans les haies ; et cependant je m'étais senti bien heureux, car alors j'espérais encore. Maintenant je cheminais comme un fantôme, au milieu de cette nature qui revenait graduellement à la vie. Yvonnette était aussi tremblante, aussi pâle, aussi défaite que moi. Elle avait parfois des frissons convulsifs et elle était contrainte de s'arrêter de temps en temps pour reprendre un peu de force, et alors elle posait la main sur son cœur avec un geste douloureux et semblait me dire :

— Mon Dieu ! j'ai déjà bien souffert, et il est heureux encore que vous ne puissiez plus vous associer à ma vie ; je n'ai plus qu'un cœur brisé, une âme meurtrie que les moindres émotions achèvent de tuer.

Pourtant, peu à peu, au contact de cette nature si poétiquement belle, avec ce demi-deuil qu'elle portait encore au souvenir de l'hiver qui se mourait, au souffle embaumé de cette brise qui jouait dans nos cheveux, au parfum de ces fleurs hâtives, qui perçaient le gazon jauni et montraient leurs clochettes bleues et blanches au-dessus des ruisseaux pour boire le dernier rayon de soleil, nous sentîmes tous deux une part s'en aller de notre tristesse, et nous nous assîmes pendant quelques minutes au sommet de ce coteau, d'où l'on voyait à l'ouest se dérouler la vallée de Pleuc tout entière.

Nous gardâmes longtemps le silence, n'osant lever les yeux l'un sur l'autre, mais avares de ces courts instants de bonheur, les derniers peut-être qui nous fussent réservés. Nous attendîmes ainsi que le soleil eût disparu, que la vallée tout entière fût rentrée dans l'ombre ; et quand les brumes, montant de la plaine aux coteaux environnants, vinrent s'arrêter à nos pieds, madame de Ploërnec se leva la première, et me dit :

— Il est temps de rentrer, mon ami ; il faut nous quitter.

— Et, murmurai-je, cette séparation sera-t-elle donc éternelle ?

— Dieu seul le sait ! répondit-elle.

— Vous reverrai-je un jour ?

— J'espère que non, fit-elle avec un sourire navré.

— Vous espérez ! dis-je en reculant et me méprenant sur la signification de ses paroles.

— Oui, me dit-elle, car si je dois vous revoir, c'est que M. de Ploërnec mourra. Et, ajouta-t-elle avec un sanglot qu'elle étouffa d'un pâle sourire, c'est le père de ma fille, c'est l'homme à qui la loi m'a donnée, auquel j'appartiens... et tant qu'il vivra, je ne puis et ne dois vous revoir.

L'émotion me dominait. Je cachai ma tête dans mes deux mains pour lui dérober une larme de désespoir qui glissa sur ma joue.

— Aurez-vous au moins le droit de ne point m'oublier ?

Elle tressaillit et prit ma main.

— Écoutez, me dit-elle, je sens bien que vous m'aimez et que votre mal est profond. Il faut retourner à Paris, voyager, vous distraire, chercher des émotions et des plaisirs. La douleur n'est jamais sans remède; une passion se guérit par une passion nouvelle.

— Vous demandez l'impossible, m'écriai-je avec l'impatience du désespoir.

— Le temps cicatrise toutes les plaies; essayez, voyagez, vous m'oublierez...

— Et si je ne vous oublie pas !

— Eh bien ! fit-elle avec son sourire triste et navrant, quand vous aurez mis entre nous une grande distance, lorsque plusieurs centaines de lieues et un grand nombre de mois nous sépareront, tournez quelquefois les yeux dans la direction de notre pauvre et pierreuse Bretagne, et dites-vous qu'en un coin de ses landes, dans un vallon perdu, sous le toit d'une humble ferme, il est un cœur ami de votre cœur, une âme sœur de votre âme, une femme qui prie pour vous quand elle vous croit en péril, qui songe à vous toujours et...

Elle s'arrêta indécise et tremblante.

— Achevez! lui dis-je avec feu, achevez, madame.

— Et qui vous eût aimé, murmura-t-elle, si Dieu et les hommes l'eussent permis.

En prononçant ces derniers mots, madame de Ploérnec prit ma main, la pressa vivement et s'enfuit, m'interdisant d'un geste de la poursuivre et d'aller plus loin.

Je demeurai pendant quelques minutes au sommet du coteau, aux dernières heures du crépuscule, je la suivis des yeux ; a mesure qu'elle s'éloignait, il me sembla que ma vie s'en allait avec elle, et lorsqu'elle eut disparu derrière les saules et les châtaigniers qui formaient un épais rideau alentour de la ferme, il me sembla que je n'étais plus qu'un cadavre, un être sans force, sans volonté et sans raison.

. . . .

Je repris tristement le chemin du château de Ploérnec, marchant d'un pas saccadé, l'œil hagard, le geste fiévreux. Je ressentais en ce moment une haine féroce pour M. de Ploérnec ; pour cet homme qui, non content d'avoir torturé cette femme pendant de longues années, retirait le pied que déjà il avait dans la tombe, secouant le linceul dont il était à demi couvert et revenait à la vie tout exprès pour dire à cette femme :

— Je ne veux pas que vous soyez heureuse !

De sinistres pensées traversaient mon esprit,

des idées de suicide m'assaillaient; machinalement, sans me rendre un compte exact de ma conduite, au lieu de continuer à suivre le sentier que nous avions parcouru au bras l'un de l'autre, et qui décrivait une ellipse autour de l'étang, je me jetai dans le chaland qui était amarré sur la rive opposée au château.

Avais-je l'intention de me noyer dans l'étang? je n'en sais vraiment rien; je laissais aller le chaland, maniant mollement les rames, et n'étant nullement pressé d'arriver. Mais tout à coup une de ces lueurs froides et sombres qui éclairent parfois la pensée d'un homme désespéré, traversa mon cerveau :

— Pendant que je la reconduisais, pensai-je, si l'étouffement prévu pour la nuit avait eu lieu... si M. de Ploërnec était mort!

Et alors je saisis les rames avec emportement, et je me mis à nager avec une vitesse inouïe. Dix minutes après, je sautais sur la berge, courais au château et me trouvais auprès de M. de Ploërnec.

Le malade s'était assoupi et dormait paisiblement. Ma coupable espérance venait de s'évanouir. Mais il me semblait si bien que cet homme me volait mon bonheur et qu'il n'avait pas le droit de vivre, puisque j'aimais Yvonnette, qu'une pensée non moins féroce succéda au féroce espoir que j'avais nourri durant quelques minutes.

—Ce valet qui est là, me dis-je, assis au chevet de son maître, est harassé de deux nuits de veille; s'il passe encore celle-ci dans ce fauteuil, il s'endormira... et s'il s'endort... s'il est seul... l'étouffement... la potion...

Au moment où je faisais cette atroce réflexion, mon œil éperdu parcourait les tentures de la chambre occupée par le blessé.

C'était une de ces vastes pièces comme on en trouve encore dans quelques châteaux de l'ouest; une salle tendue d'une étoffe sombre, garnie de meubles noircis, avec un lit à baldaquin placé au milieu et des portraits de famille enfumés accrochés aux murs. Mon œil s'arrêta sur un de ces portraits.

C'était un vieillard en uniforme de mousquetaire du dernier siècle, cet uniforme rouge que mon grand-père avait conservé pendant les guerres de Vendée et qui lui avait valu le surnom de marquis rouge.

Soit que j'eusse l'esprit frappé, soit qu'en effet je ne m'abusasse point, il me sembla qu'une ressemblance vague existait entre ce portrait et celui de mon aïeul, qui se trouve encore appendu dans le grand salon de notre manoir héréditaire, et je tressaillis...

Et alors j'oubliai Yvonnette une minute, je renvoyai le laquais qui veillait M. de Ploërnec, et je déclarai que je passerais la nuit auprès de lui.

Le docteur avait placé sur un guéridon voisin la potion destinée à prévenir l'étouffement; le laquais me la fit remarquer et me dit :

— Le médecin a bien recommandé de faire avaler à monsieur, au moindre signe de hoquet, disant qu'une seconde de retard suffirait à le tuer.

— C'est bien, répondis-je, je m'en charge. Allez vous reposer tranquille.

Je me fis apporter des plumes et du papier, je voulais écrire à Yvonnette et lui dire un eternel adieu.

On me roula une table auprès du lit, je plaçai dessus la potion et m'installai au chevet du blessé.

Plusieurs heures s'écoulèrent; j'avais écrit, en pleurant, une longue lettre à madame de Ploërnec, décidé à quitter le château dès le lendemain si mon hôte était hors de danger; ce dernier dormait paisiblement; sa respiration était égale...

Je me sentais moi-même pris d'un impérieux besoin de sommeil, exigé, du reste, par trois nuits de fièvre et de veille, et, un moment, je fus sur le point de sonner et d'appeler un valet pour qu'il me remplaçât. Mais on a parfois en ses propres forces une confiance trop illimitée. Je crus pouvoir lutter encore. J'essayai de secouer la torpeur qui me gagnait ; — l'engourdissement triompha, et je m'endormis tout à coup de ce sommeil de plomb qui suit les grandes fatigues.

On ne réfléchit point assez à quelles circonstances insignifiantes, à quels imperceptibles fils tient quelquefois la vie humaine.

Je dormis d'une haleine, jusqu'à trois heures du matin, sans que le timbre de l'horloge placée dans le corridor voisin eût troublé mon sommeil ; un bruit imperceptible m'éveilla.

J'ouvris les yeux et, me souvenant de tout soudain, je me levai vivement et regardai M. de Ploërnec.

M. de Ploërnec se tordait dans les convulsions de l'agonie, roulant des yeux hagards et laissant échapper un hoquet étranglé à travers ses dents serrées comme les deux mâchoires d'un étau.

Je frissonnai... j'avais dormi : il était trop tard, sans doute !

Alors cette terrible pensée qui m'avait assailli déjà, cette pensée funeste que la mort de M. de Ploërnec, c'était ma vie ; que sa vie c'était mon trépas ; cette pensée exécrable me revint plus implacable et plus tenace ; et un moment, je fus assez fou, assez froidement féroce pour me dire que peut-être c'était la Providence qui venait à mon aide en m'éveillant trop tard.

Heureusement mon œil, une fois encore, s'arrêta sur le portrait de ce vieillard en habit rouge, et cette fois il me sembla que c'était mon aïeul lui-même : il me sembla encore voir se dresser autour de lui tous nos ancêtres sortant exprès de leur tombe pour me montrer notre vieil écusson, sans tache jusque-là... Et courant à M. de Ploërnec, qui se tordait, je pris la fiole d'une main, je lui brisai les dents avec le manche d'un couteau, et je versai dans sa bouche, déjà emplie d'écume, la potion tout entière.

Il était bien tard, et cependant...

— Cependant, ajouta Laurent avec un sanglot, je venais d'anéantir le dernier espoir qui pût me rester de revoir jamais Yvonnette ; madame de Ploërnec était perdue pour moi désormais, car il était temps encore, et M. de Ploërnec a vécu.

Hélas ! acheva le noble jeune homme, je venais de tuer mon bonheur, mais mon honneur était sauf.

La nuit s'était à peu près écoulée tout entière pendant le récit de Laurent ; les fauves et tremblantes lueurs du matin glissaient indécises sur la cime des arbres que nous apercevions des fenêtres ; et cependant ce récit m'avait si puissamment impressionné, que je ne m'étais aperçu ni de l'heure qui fuyait, ni du feu qui s'était éteint petit à petit, sans que nous songions ni l'un ni l'autre à le raviver.

— Et, demandai-je à Laurent, vous n'avez jamais revu Yvonnette?

— Non, me répondit-il, je n'ai pas eu le courage d'aller à la ferme avant mon départ.

Je me souviens encore de cette heure solennellement triste où je quittai Ploërnec, huit jours après les événements que je viens de vous raconter.

Mon domestique, échappé aux mains des émeutiers de C..., était retourné à Paris. Je reçus une lettre de lui : tout était calmé; je pouvais sans danger quitter le pays de Tréguier.

M. de Ploërnec s'était rétabli promptement. Le jour où je reçus cette lettre, il s'était levé pour la première fois, et, appuyé sur mon bras, il avait fait un tour dans le parc, à midi, à l'heure où le soleil de mars est si bon pour les malades, même sur la brumeuse terre bretonne.

M. de Ploërnec ne soupçonnait nullement la fatale passion qui me rongeait, et il ne se doutait point, par conséquent, du sacrifice que sa vie me coûtait; mais il m'avait pris en amitié, et j'avoue que les marques d'intérêt et de reconnaissance qu'il me prodiguait me faisaient honneur.

Je n'attendais qu'un prétexte raisonnable pour

fuir ce toit maudit et ce vieillard dont le repentir et les remords ne me touchaient point, tant je sentais que sa femme avait dû souffrir.

Le prétexte arriva, je le saisis avec empressement. Mes affaires me rappelaient à Paris.

— Vous partirez demain, me dit M. de Ploërnec, après m'avoir témoigné le regret de me voir le quitter.

— Non, lui dis-je, je préfère partir ce soir.

— Quelle singulière idée ! murmura-t-il.

— J'adore voyager la nuit, répondis-je.

La vérité était que je ne voulais pas passer en plein jour devant la ferme : j'avais peur de revoir Yvonnette. M. de Ploërnec n'insista pas.

Il m'est impossible de vous dire ce que j'éprouvai de sourds déchirements en quittant cette chambre que j'avais occupée au château, et à la fenêtre de laquelle m'était apparue Yvonnette, ce parc où je l'avais revue, ce lac au bord duquel elle avait erré tant de fois.

La petite Rose, une demi-heure avant mon départ, me prit par la main et me dit :

— Je voudrais bien, monsieur, que vous emportassiez quelque chose d'ici, ne fût-ce que pour vous souvenir de nous. Voulez-vous me suivre dans ma chambre, la chambre qu'occupait maman autrefois?

Je l'avais suivie le cœur palpitant. Cette

chambre était la plus simple, et peut-être en même temps la plus coquette, la plus féminine du château. Au mur, à côté du bénitier de bois sculpté placé au chevet du lit, il y avait un portrait à la sépia, une tête ébauchée...

— C'est ma mère, me dit Rose.

J'attachai un œil ardent sur ce portrait, Rose devina mon désir.

— Voulez-vous l'emporter? me dit-elle.

J'étouffai un cri de joie et cachai sous mon manteau cette chère et précieuse image de la femme à qui mon cœur et ma vie appartenaient désormais pour toujours ; et laissant Rose un peu interdite, je m'enfuis et rejoignis M. de Ploërnec.

A huit heures, j'étais loin déjà du château. Je modérai l'allure de mon cheval, ne voulant point passer devant la ferme avant neuf heures cette heure tardive pour les campagnes, où tout s'endort, valets et maîtres.

Lorsque je fus au sommet du coteau, du haut duquel on apercevait le dernier toit des Kerden, je m'arrêtai et mis pied à terre.

Je ne sais quelles poignantes pensées m'assaillirent et quel laps de temps s'écoula sans que je fisse un pas; je m'étais assis sur une pierre, je contemplais les murs blanchis de la ferme et je songeais qu'elle était là, veillant sans doute dans l'ombre. Alors je me repentis d'avoir quitté Ploërnec; j'aurais voulu avoir un prétexte d'entrer et de la voir une fois encore.

Les heures de faiblesse sont voisines des moments de résolution énergique; je fis un effort sur moi-même, me remis en selle et m'élançai au galop, décidé à briser le charme.

Je traversai la prairie pour éviter la ferme; puis je me retournai pour voir une fois encore la demeure des Kerden...

Les pas de mon cheval avaient éveillé les échos environnants, les chiens de Jean hurlèrent; leur voix me stimula, je donnai de l'éperon et continuai ma route.

Trois jours après j'étais à Paris, que je n'ai plus quitté depuis.

J'ai fui le monde cet hiver. Le nom de Ploërnec n'a jamais vibré à mon oreille; je ne sais point ce qu'est devenue Yvonnette; — mais tous les jours je tourne mes yeux, vers le couchant, du côté de la terre bretonne, et je me dis tout bas :

— Que fait-elle?

Car vous ne savez pas, mon ami, tout ce qu'il y a d'âcre volupté, de douloureux bonheur à songer à toute heure à la femme perdue pour vous, à cette femme qui ne vous écrit jamais, dont vous ignorez la vie, que vous ne reverrez plus et que vous aimez toujours, que vous aimez ardemment comme on aime les morts, ces chères ombres qui revivent au fond du cœur et sourient à vos habits de deuil...

Laurent s'arrêta; une larme silencieuse roula sur sa joue, et je lui tendis spontanément la main.

Mais tandis qu'il la serrait avec reconnaissance, la cloche placée à la porte d'entrée du pavillon tinta doucement.

On eût dit que la main du visiteur matinal tremblait d'émotion en l'agitant.

Laurent se leva étonné. Il était six heures à peine; à peine le premier rayon du soleil glissait-il sur la cime dépouillée des arbres du jardin, miroitant aux vitres sur lesquelles le givre de la nuit avait dessiné ses capricieuses arabesques.

— Que peut-on me vouloir? murmura Laurent inquiet et s'apprêtant à défendre sa porte; mais cette porte s'ouvrit brusquement sous la main de son unique serviteur.

Nous jetâmes tous deux un cri de surprise.

Une paysanne, vêtue de noir, parut sur le seuil.. c'était Yvonnette.

Elle vint à Laurent, lui tendit la main et lui dit :

— M. de Ploërnec est mort d'une chute de cheval qu'il a faite à la chasse. Aimez-vous toujours Yvonnette la paysanne?

Laurent ne répondit point, mais il s'agenouilla devant la fermière et baisa ses sabots comme la plus sainte des reliques.

. . . .

Ils se sont mariés à minuit, au mois de mai, par un temps magnifique, et la brise printanière a seule escorté leur berline de voyage, qui courait vers la demeure des derniers Kerden, emportant le bonheur sur ses coussins de soie.

FIN

ŒUVRES DES GRANDS AUTEURS FRANÇAIS CONTEMPORAINS

Victor Hugo. — Les Misérables. 10 beaux vol. in-8 . . . . . 60 fr.
   Le même ouvrage. 10 vol. in-18 . . . . 35 fr.
   Édition illustrée de 200 dessins par Brion. 1 vol. in-4. 10 fr.
— William Shakespeare. 1 beau vol. in-8 . . . . 7 fr. 50
— Les Chansons des rues et des bois. 1 beau vol. in-8. . 7 fr. 50
— Les Travailleurs de la mer. 15ᵉ édit. 3 beaux vol. in-8. . . 18 fr.

Alphonse de Lamartine. — La France parlementaire (1834-1851). Œuvres oratoires et écrits politiques, précédés d'une étude sur la vie et les œuvres de Lamartine, par L. Ulbach. 6 vol. in-8. 36 fr.
— Shakspeare et son œuvre. 1 vol. in-8 . . . . 5 fr.
— Portraits et Biographies (W. Pitt. — Lord Chatham. — Mᵐᵉ Roland. — Ch. Corday). 1 vol. in-8 . . . . 5 fr.
— Les Hommes de la Révolution (Mirabeau. — Danton. — Vergniaud). 1 vol. in-8 . . . . 5 fr.
— Les Grands Hommes de l'Orient. (Mahomet. — Tamerlan. — Zizim). 1 vol. in-8 . . . . 5 fr.
— Civilisateurs et Conquérants (Solon. — Périclès. — Michel-Ange. — Pierre le Grand. — Catherine II. — Murat. — Fables de l'Inde). 2 vol. in-8 . . . . 10 fr.

Jules Simon. — L'École. 1 beau vol. in-8 . . . . 6 fr.
   Le même ouvrage, 1 vol. in-18 . . . . 3 fr. 50
— Le Travail. 1 beau vol. in-8, 6 fr. — Edit. in-18 . . . 3 fr. 50

J. Michelet. — La Sorcière. 1 vol. in-18 . . . . 3 fr. 50

Eugène Pelletan. — La Famille. I. La Mère. 1 vol. in-8 . . 5 fr.
                              II. Le Père. 1 vol. in-8 . . 5 fr.
                              III. L'Enfant. 1 vol. in-8 . . 5 fr.

Edgar Quinet. — La Révolution. 4ᵉ édit. 2 vol. in-8 . . . 15 fr.

Louis Blanc. — Lettres sur l'Angleterre. 2ᵉ édit. 2 vol. in-8. 12 fr.
— 2ᵉ série. 2 vol. in-8 . . . . 12 fr.

George Sand. — Flavie. 3ᵉ édit. 1 vol . . . . 3 fr.
— Les Amours de l'âge d'or. 1 vol . . . . 3 fr.
— Les Dames vertes. 3ᵉ édit. 1 vol . . . . 3 fr.
— Les Beaux Messieurs de Bois-Doré. 2 vol . . . . 6 fr.
— Promenade autour d'un village. 1 vol . . . . 3 fr.
— Souvenirs et Impressions littéraires. 1 vol . . . . . . 3 fr.
— Autour de la table. 1 vol . . . . 3 fr.
— Théâtre complet. 3 vol . . . . 9 fr.

Alexandre Dumas. — Les Crimes célèbres. 4 vol. in-18 . . 8 fr.

Lamennais. — Œuvres. 2 vol. gr. in-8, à deux colonnes . . 32 fr.

Eugène Sue. — Œuvres. 37 vol. gr. in-18. Le vol . . . . . 1 fr.

Frédéric Soulié. — Œuvres. 54 vol. in-18. Le vol . . . . 50 cent.

Librairie Internationale, **15,** Boulevard Montmartre, à Paris.

COLLECTION
DES
GRANDS HISTORIENS CONTEMPORAINS
ÉTRANGERS

Format in-8 à 5 francs le volume

Bancroft (George). — Histoire des États-Unis depuis la découverte du continent américain. Traduit de l'anglais par Mlle Isabelle Gatti de Gamond. 9 vol. in-8. . . . . 45 fr.

Buckle (Henry-Thomas). — Histoire de la civilisation en Angleterre. Traduit de l'anglais par A. Baillot. 5 vol. in-8.. 25 fr.

Duncker (M.). — Histoire de l'antiquité. 8 vol. in-8. (En préparation.)

Gervinus (G.-G.). — Introduction à l'Histoire du XIXe siècle. Traduit de l'allemand par François Van Meenen. 1 vol. in-8. . 3 fr.

— Histoire du XIXe siècle depuis les Traités de Vienne. Traduit de l'allemand par J.-F. Minssen. 15 vol. in-8. . . . . 75 fr. (L'ouvrage formera 18 à 20 volumes.)

Grote (G.). — Histoire de la Grèce depuis les temps les plus reculés jusqu'à la fin de la génération contemporaine d'Alexandre le Grand. Traduit de l'anglais par A.-L. de Sadous. 19 vol. avec cartes et plans et table des matières. . . . . 95 fr.

Herder (J.-G.). — Philosophie de l'histoire de l'humanité. Traduction de l'allemand par Emile Tandel. 3 vol. in-8. . . . . 15 fr.

Irving (Washington). — Histoire de la conquête de Grenade. Traduction nouvelle de l'anglais, précédée d'une étude sur les ouvrages de W. Irving, par Xavier Eyma. 2 vol. in-8. . 10 fr.

— Vie et voyages de Christophe Colomb. Traduit de l'anglais par G. Renson. 3 vol. in-8. . . . . 15 fr.

— Vie de Mahomet. Traduit de l'anglais par H. Georges. 1 vol. in-8.. . . . . 5 fr.

Kirk (John Foster). — Histoire de Charles le Téméraire, duc de Bourgogne. Traduction de l'anglais par Ch. Flor O'Squarr. 3 vol. in-8. . . . . 15 fr.

Merivale (Charles). — Histoire des Romains sous l'Empire. Traduit de l'anglais par Fr. Hennebert. 1 à 4 vol. in-8. . . . . 20 fr. (L'ouvrage formera 9 vol.)

Librairie Internationale, 15, Boulevard Montmartre, à Paris.

GRANDS HISTORIENS CONTEMPORAINS

Motley (John-Lotrop). — La Révolution des Pays-Bas au XVIe siècle. Histoire de la fondation de la République des Provinces-Unies. Traduit de l'anglais par Gustave Jottrand et Albert Lacroix. 4 vol. in-8. . . . . 20 fr.

Prescott (William-Hickling). — Œuvres complètes. 17 volumes comprenant les ouvrages suivants :
- Histoire du règne de Philippe II. Traduit de l'anglais par G. Renson et P. Ithier. 5 vol. in-8. . . . . 25 fr.
- Histoire du règne de Ferdinand et d'Isabelle. Traduit de l'anglais par G. Renson. 4 vol. in-8. . . . . 20 fr.
- Histoire de la conquête du Pérou, précédée d'un tableau de la civilisation des Incas. Traduit de l'anglais par H. Poret. . 3 v. in-8. . . . . 15 fr.
- Histoire de la conquête du Mexique, avec un tableau préliminaire de l'ancienne civilisation mexicaine et la vie de Fernand Cortez. Publiée en français par Amédée Pichot. Nouvelle édition précédée d'une notice biographique sur l'auteur. 3 vol. in-8 avec 43 gravures et une carte. . . . . 15 fr.
- Essais de biographie et de critique. Trad. de l'anglais. 2 v. in-8. 10 fr.

« La *Collection des historiens contemporains étrangers*, publiée, » dit la *Revue de Paris*, « avec un zèle qui ne se dément pas, a une importance capitale et répond chez nous à un véritable besoin. Les Français, en général, connaissent peu la littérature étrangère contemporaine ; et si le théâtre, le roman ou la poésie trouvent grâce devant quelques lecteurs, on peut dire que les œuvres historiques sont tout à fait ignorées.

« Cette collection comprend les ouvrages des quatre grands historiens américains de notre époque : BANCROFT, MOTLEY, PRESCOTT, WASHINGTON IRVING.

« Parmi les Allemands, nous citerons : GERVINUS, HERDER, DUNCKER.

« La série des historiens anglais s'ouvre par l'*Histoire de la Grèce* de G. GROTE ; elle contient également des œuvres de BUCKLE, de KIRK et de MERIVALE.

« Un soin tout particulier est donné tant au choix des ouvrages qui entreront dans cette collection importante qu'à la traduction et à l'exécution matérielle des volumes.

« Plusieurs ouvrages sont en préparation.

« Les historiens dont la réputation est consacrée, et dont les œuvres offrent un intérêt général, figureront seuls dans cette grande collection.

« Ainsi se continuera cette série de grandes œuvres historiques les plus remarquables, sans contredit, de ce siècle, publiées soit en Angleterre, soit en Allemagne, soit en Amérique, et qui, sans ces traductions, fussent restées longtemps encore ignorées des lecteurs français.

« Une semblable collection doit avoir sa place d'honneur dans toutes les bibliothèques. »

LITTÉRATURE ET BEAUX-ARTS

Abbé*** (l'). — Le Maudit. 11e édit. 3 vol. in-8.. . . . . 15 fr.
— La Religieuse. 11e édit. 2 vol. in-8. . . . . 10 fr.
— Le Jésuite. 7e édit. 2 vol. in-8. . . . . 10 fr.
— Le Moine. 4e édit. 1 vol. in-8. . . . . 5 fr.
Ainsworth (Harrison). — Guy Fawkes, ou la Conspiration des poudres. 2 vol. . . . . 1 fr.
Alarcon (A.-P. de). — Le Finale de Norma. Nouvelle traduite de l'espagnol par Charles Yriarte. 1 vol. in-18. . . . . 3 fr.
Alby (Ernest). — La Captivité du trompette Escoffier. 2 vol. in-18. 1 fr.
Almanach de Mathieu de la Nièvre. Indicateur du temps pour 1867. Indispensable à tout le monde. Rédigé par les principaux savants, écrivains et tous autres gens de bonne volonté. Orné de vignettes par les premiers artistes. In-32. . . . . 50 c.
Amour et controverse. 1 vol. in-8. . . . . 5 fr.
Andrieux. — Poésies. 1 vol. . . . . 1 fr. 50
— Épître au pape. 1 vol. . . . . 30 c.
Aubertin (G.-H.). — Grammaire moderne des écrivains français. 1 vol. in-8 compacte. . . . . 6 fr.
— Petite Grammaire moderne, ou les Huit Espèces de mots. 1 vol. in-12. . . . . 1 fr.
Auerbach (Berthold). — Au village et à la cour. Roman traduit de l'allemand, par Mlle Mina Round. 2 vol. in-18. . . . . 6 fr.
Bancel (D.). — Harangues et Commentaires littéraires et philosophiques sur la littérature française. 3 vol. in-8. . . . . 15 fr.
Baron (A.). — Caius Julius Cæsar, ad optimas editiones recensitus, cum commentario integro Jer. Jac. Oberlini, et selectis Oudendorpii, Achainterii variorumque notis. 2 vol. in-8. . . 3 fr.
— La Mosaïque belge. 1 vol. in-18. . . . . 1 fr.
— Poésies militaires de l'antiquité, ou Callinus et Tyrtée; ouvrage trad. en vers français, avec notices, commentaires et traductions en vers latins, anglais, italiens, allemands et hollandais. 1 vol. in-8. . . . . 2 fr.
— Résumé de l'histoire de la littérature française. 1 vol. in-18. 1 fr.
Bécart (A.-J.). — Précis d'un cours complet de rhétorique française. 1 vol. in-8. . . . . 2 fr.
Belmontet (L.). — Poésie des larmes. 1 vol. in-18. . . . . . . 3 fr.
Berend (Michel). — La Quarantaine. 1 vol. in-18. . . . . . . 3 50

Librairie Internationale, 15, Boulevard Montmartre, à Paris.

LITTÉRATURE ET BEAUX-ARTS

Berthet (Elie). — La peine de mort ou la route du mal. Roman. 1 vol. in-18. 3 fr.
Biagio Miraglia. — Cinq Nouvelles calabraises. 1 vol. 3 fr. 50
Blum (Ernest). — Entre Bicêtre et Charenton. Avec une préface de M. Henri Rochefort. 1 vol. in-18. . . . . 3 fr.
Bonau (Filip). — Les Vengeurs, roman-drame en vers, précédé d'une lettre de M. A. de Lamartine. 1 vol. in-8. . . . . . . 6 fr.
Breteh (Mme de). — Gabrielle. Les Pervenches. 1 vol. in-18. . 3 fr.
Castelnau (A.). — Zanzara, ou la Renaissance en Italie, roman historique. 2 vol. Charpentier. . . . . 7 fr.
Catalan (E.). — Rime et Raison, ou Proverbes, apophthegmes, épigrammes et moralités proverbiales. Choisis et mis en vers. 1 vol. élégant in-32. . . . . 2 fr.
Chassin (C.-L.). — Le Poëte de la Révolution hongroise, Alexandre Petœfi. 1 fort vol. Charpentier. . . . . 3 fr. 50
Chateaubriand (De). — Atala. — Réné. 1 vol. in-18. . . . . 1 fr.
— Essai sur la littérature anglaise. 2 vol. in-18. . . . . . 2 fr.
— Moïse. Tragédie. 1 vol. in-18. . . . . 50 c.
— Le Paradis perdu de Milton. 2 vol. in-18. . . . . . . 2 fr.
— Mélanges littéraires. 1 vol. in-32 . . . . 50 c.
— Les Natchez. 2 vol. in-32. . . . . 1 fr.
Chavée. — Essai d'étymologie, ou Recherches sur l'origine et les variations des mots qui expriment les actes intellectuels et moraux. 1 vol. in-8. . . . . 2 fr.
Chénier (Marie-Joseph). — Poésies. 1 vol. . . . . 2 fr.
Claude (F.). — Le Roman de l'Amour. 2e édit. 1 vol. in-18. . . 3 fr.
— Les Psaumes. Traduction nouvelle. 1 vol. in-18. . . . 3 fr.
Contes de la sœur Marie. — Traduits de l'anglais. 1 vol. in-18, orné de vignettes. . . . . 1 fr.
Constant (Benjamin). — Mélanges de littérature et de politique. 1 vol. in-18. . . . . 1 fr.
Conversations d'un père avec ses enfants. — Traduit de l'anglais. 2 vol. in-18, ornés de gravures. . . . . 2 fr
Curtis (G. W.). — Rêveries d'un Homme marié. 2 vol. in-32. 2 fr. 50
Damoclès. — Le Dernier Misérable. 2 vol. in-8. . . . . 12 fr.
Dérisoud (Ch.-J). — Les Petits Crimes. 1 vol. in-18. . . . . . 3 fr.
Désaugiers. — Chansons et Poésies. 1 vol. . . . . 3 fr.
Desbarolles (A.) — Le caractère allemand expliqué par la physiologie. 1 vol. in-18. 3 fr.
Dialogues extravagants. 1 vol. in-18. . . . . 2 fr.
Dœring (H.). — Mozart, sa biographie et ses œuvres. 1 v. in-18. 1 f. 25
Dollfus (C). — Mardoche. La revanche du hasard. La Villa. 1 vol. in-18. . . . . 3 fr.
Dora d'Istria (Mme la princesse). — Des Femmes, par une femme. 2 beaux vol. in-8. . . . . 10 fr.
Ducondut (A.). — Juvenilia virilia. Poésies. 1 vol. in-18. . . 3 fr.

Librairie Internationale, 15, Boulevard Montmartre, à Paris.

LITTÉRATURE ET BEAUX-ARTS

Dumas (Alexandre). — Les Crimes célèbres. Nouvelle édition. 4 vol in-18. . . . . 8 fr
— Les Borgia. — La Marquise de Ganges. — Les Cenci. 1 vol in-18. . . . . 2 fr
— Marie Stuart. — Karl Ludwig Sand. — Murat. 1 vol. in-18. 2 fr
— Massacres du Midi. — Urbain Grandier. 1 vol. in-18. . . 2 fr.
— La Marquise de Brinvilliers. — La Comtesse de Saint-Géran. — Jeanne de Naples. — Vaninka. 1 vol. in-18. . . . . . 2 fr.
Ellerman (Charles-F.). — L'Amnistie, ou le Duc d'Albe dans les Flandres. Traduit de l'anglais. 2 vol. in-12. . . . . 2 fr.
Emerson (R.-W.). — Les Représentants de l'humanité. Traduit de l'anglais, par P. de Boulogne. 1 vol. in-18. . . . . . 3 fr. 50
— Les Lois de la vie. Traduit par Xavier Eyma. 1 v. in-18. . 3 fr. 50
— Essai sur la nature. Avec une étude sur la vie et les œuvres d'Emerson. Traduit de l'anglais par X. Eyma. 1 v. in-18. 3 50
Ferrier. — La Russie. 1 vol. in-18. . . . . 1 fr.
Fétis. — La musique mise à la portée de tout le monde. Exposé succinct de tout ce qui est nécessaire pour juger de cet art et pour en parler sans l'avoir étudié. Dernière édition, augmentée de plusieurs chapitres et suivie d'un dictionnaire des termes de musique et d'une biographie de la musique. 1 vol. in-18 de 448 pages. . . . . 2 fr.
Fould (fils). — L'Enfer des Femmes. 1 vol. in-12. . . . . 3 50
Galerie des femmes de George Sand, ornée de 24 magnifiques portraits sur acier gravés par H. Robinson, d'après les tableaux de Mme Geefs, MM. Charpentier, Lepaulle, Gros-Claude, Giraldon, Lepoitevin, Biard, etc., avec un texte, par le bibliophile Jacob, illustré de vignettes dessinées par MM. Français, Nanteuil, Morel-Fala, et gravées par Chevin. 1 vol. in-4. . . . 20 fr.
Garcin (Mme Eugène). — Léonie, essai d'éducation par le roman, précédé d'une lettre de M. A. de Lamartine. 3e édit. 1 vol. Charpentier. . . . . 3 fr.
— Charlotte. 1 vol. in-12. . . . . 3 fr. 50
Gatti de Gamond (Mme). — Des Devoirs des femmes et des moyens propres à assurer leur bonheur. 1 vol. in-18. . . . . . 1 fr.
— Esquisses sur les femmes. 2 vol. in-18. . . . . 1 fr.
— Réalisation d'une commune sociétaire, d'après la théorie de Charles Fourier. 1 vol. in-8. . . . . 6 fr.
Genlis (Mme de). — Mademoiselle de Clermont. — Cléomir. 1 vol. 30 c.
— Laurette et Julia. 1 vol. . . . . 50 c.
Gomzé (C.). — L'Écriture raconte son histoire. In-18. . . . 30 c.
— Si j'étais roi. In-18. . . . . 30 c.
Goncourt (Edmond et Jules de). — Idées et Sensations. 1 beau vol. grand in-8. . . . . 5 fr.
Gœthe. — Faust, tragédie. 1 vol. in-18. . . . . 3 fr.
Grattan (Thomas Colley). — L'Héritière de Bruges. 3 vol. . . 3 fr.

LITTÉRATURE ET BEAUX-ARTS

Guénot-Lecointe. — Le Cadet de Bourgogne. 1 vol. . . . . . . 1 fr.
— La Dernière Croisade. 1 vol. . . . . 1 fr.
Hédouin (A.). — Gœthe. Sa vie, ses œuvres et ses contemporains. 1 vol.
    in-18. . . . . 3 fr. 50
Heller (Robert). — Un Tremblement de terre. 2 vol. in-32. . . 3 fr.
Hope. — Histoire de l'architecture. Traduit de l'anglais par A. Baron.
    2ᵉ édit. 1 très-beau vol. in-8, accompagné d'un atlas de 90 planches gravées. . . . . 12 fr.
Hugo (Victor). — Les Misérables. 10 vol. in-8, édit. de luxe. 60 fr.
— Le même ouvrage, en 10 vol. in-12. . . . . 35 fr.
— Le même ouvrage. Édit. illustrée de 200 dessins de Brion. 1 vol.
    in-4. . . . . 10 fr.
— William Shakespeare. 1 beau et fort vol in-8. . . . . 7 fr. 50
— Les Chansons des rues et des bois. 1 beau vol. in-8. . 7 fr. 50
— Les Travailleurs de la mer. 15ᵉ édit. 3 vol in-8. . . . . 18 fr.
Humboldt (A. de). — Correspondance avec Varnhagen von Ense et autres contemporains célèbres. Traduit par Max Sulzberger 1 beau et fort vol. in-12 . . . . 5 fr.
Joliet (Ch.) — L'Envers d'une campagne. Italie, 1859. 1 vol. in-18. 3 fr.
Kennedy (Miss Grace). — Décision. 1 vol. in-18. . . . . . . 1 fr.
— Jessy Allan la boiteuse. 1 vol. in-18. . . . . 50 c.
— Nouvelles protestantes. 2 vol. in-18. . . . . 2 fr.
— La Parole de Dieu. 1 vol. in-18. . . . . 50 c.
— Visite d'Andrew Campbell à ses cousins d'Irlande. 1 vol. in-18. 50 c.
Labarre (Louis). — Satires et élégies 1 vol. . . . . 1 fr.
Lacroix (Albert). — Histoire de l'influence de Shakespeare sur le théâtre français, jusqu'à nos jours. 1 vol. grand in-8. . . . . 5 fr.
Lamartine (Alphonse de). — Shakspeare et son œuvre. 1 beau vol. in-8 de 450 pages. . . . . 5 fr.
La Véguay. — Inès de Montéja. 1 vol. . . . . 1 fr.
Leclercq (E.). — Histoire de deux armurières. 1 vol. in-18. 3 fr. 50
— Gabrielle Hauzy. 1 vol. in-18. . . . . 3 fr. 50
— Contes vraisemblables pour les Enfants. 1 beau vol in-8 avec 10 grandes illustrations par Césare dell'Acqua. Broché, 6 fr. — Relié, 9 fr.
Léo (André). — Un Divorce. 1 beau vol. in-8. . . . . 5 fr.
Lerchy (Mᵐᵉ de). — Elvire Nanteuil. 1 vol. in-18. . . . . 1 fr. 25
Les Rivaux, imité de l'anglais. 3 vol. in-18. . . . . 3 fr. 75
Liedtz (Frédéric). — Après le couvre-feu. 2 vol. . . . . . . 2 fr.
Ligne (Prince de). — Œuvres, précédées d'une introduction, par Albert Lacroix. 4 beaux et forts vol. in-18. . . . . 14 fr.
— Mémoires, suivis de pensées et précédés d'une introduction. 1 vol. in-18. . . . . 3 fr. 50
Livre d'or des familles (Le), ou la Terre sainte, illustré de 58 pl. rehaussées, dessinées par Haghe. 1 beau vol. in-8, orné de lettrines, de culs-de-lampe et d'une carte de la Palestine. 15 fr.

Lœbel. — Lettres sur la Belgique. Trad. de l'allemand. 1 v. in-18. 1 fr.

Logé. — Dictionnaire de morale, Choix de pensées et de maximes extraites des meilleurs auteurs modernes. 1 vol. in-12. . 3 fr.

Longfellow. — Hypérion et Kavanagh. 2 vol. in-12. . . . . . 5 fr.

Lucas (H.). — Histoire philosophique et littéraire du théâtre français depuis son origine jusqu'à nos jours. 2ᵉ édit. revue et augmentée. 3 vol. in-18. . . . . 10 fr. 50

Lussy (M.). — Réforme dans l'enseignement du piano. 1ʳᵉ partie : Exercices de piano dans tous les tons majeurs et mineurs, à composer et à écrire par l'élève ; précédés de la théorie des gammes, des modulations, du doigté, de la gamme harmonique, etc., et de nombreux exercices théoriques. In-8. . . . . 4 fr.

Mayne Reid. — La Fête des Chasseurs, scènes du bivac. Traduit de l'anglais par O'Squarr Flor. 2 forts vol. in-32. . . . 2 fr. 50

Michelet (J.). — La Sorcière. Nouv. édition. 1 vol. in-18. . 3 fr. 50

Michiels (Alfred). — Névillac. 1 vol. . . . . 1 fr.

— Histoire de la Peinture flamande depuis ses débuts jusqu'en 1864. 2ᵉ édit. 6 vol. in-8. . . . . 30 fr.

Millevoye. — Poèmes et poésies. . . . . 2 fr.

Moke (H.-G.). — Du Sort de la femme dans les temps anciens et modernes. 1 vol. in-12. . . . . 2 fr.

Moreau de la Meltière (Mᵐᵉ Charlotte). — Contes variés et tableaux de mœurs. 2 vol. . . . . 2 fr.

Palais Pompéien (Le). — Études sur la maison gréco-romaine, ancienne résidence du Prince Napoléon, par Théophile Gautier, Arsène Houssaye et Charles Coligny. Grand in-8 avec une belle gravure (in-4) d'après Boulanger. . . . . 1 fr.

Pecchio. — Causeries d'un exilé sur l'Angleterre. Traduit de l'italien. 1 vol. in-18. . . . . 1 fr.

Pécontal (Simon). — La Divine Odyssée. Poésies. 1 vol. in-8. 5 fr.

Pellico (Silvio). — Mes Prisons. Mémoires, précédés d'une introduction biographique de Pietro Maroncelli. Traduction par Léger Noel. 1 vol. in-18 avec cartes et *fac-simile*. . . . . 1 fr.

Pétrarque. — Rimes, traduites en vers, avec le texte en regard, par J. Poulenc. 4 vol. in-18 jésus. . . . . 12 fr.

Pfau (Louis). — Études sur l'Art. 1 vol. in-8. . . . . 5 fr.

Pfyffer de Neueck. — Esquisses de l'île de Java et de ses divers habitants. 1 vol. in-18. . . . . 1 fr.

Potvin (C). — La Belgique, poème. 1 vol. in-12. . . . . 1 fr.

Poupart de Wilde (A.). — Anacréon et Sapho, suivis d'autres poésies grecques et latines, traduites en vers. 1 v. gr. in-18. 1 fr. 25

Prévost-Paradol. — Discours de réception prononcé à l'Académie française, le 8 mars 1866. Grand in-8. . . . . 1 fr.

Rambaud (L.). — L'Age de bronze. Poésies. 1 vol. in-18. . 2 fr.

Rastoul de Mongeot. — Pétrarque et son siècle. 2 vol. . 2 fr.

Reade (Ch.). — L'Argent fatal, roman. Trad. de l'anglais. 2 v. in-18. 7 fr.

LITTÉRATURE ET BEAUX-ARTS

Reiffenberg (De). — Histoire de l'ordre de la Toison d'or, depuis son origine jusqu'à la cessation des chapitres généraux. 1 vol. petit in-folio, orné de planches coloriées. . . . . 25 fr.
— Résumé de l'histoire des Pays-Bas. 2 vol. in-18. . . . . . 3 fr.
— Le Dimanche, récits de Marsilius Brunck. 1 vol. in-18. . . 1 fr.
— Le Lundi. Nouveaux récits de Marsilius Brunck. 1 v. in-18. 50 c.
Richard (J.) — Un Péché de vieillesse. Roman. 1 vol. in-18. . 3 fr.
— La Galère conjugale. Roman. 1 vol. in-18. . . . . 3 fr.
Romances historicos por um Brasileiro. Nova edição correcta, augmentada e seguida de algumas poesias soltas. 1 vol. in-18. 7 fr. 50
Saint-Génois (Jules de). — La Cour du duc Jean IV. . . . . 2 fr.
— Hembyse. 3 vol. . . . . 3 fr.
— Histoire des avoueries en Belgique. 1 vol. in-8. . . . . . 1 fr.
Sand (Maurice). — Le Coq aux Cheveux d'or. Récit des temps fabuleux. 1 vol. in-18. . . . . 3 fr.
Santo-Domingo. — Tablettes romaines 2 vol. . . . . 2 fr.
Schlegel (A.-W.). — Cours de littérature dramatique. Traduit de l'allemand par Mme Necker de Saussure. 2 vol. in-18. . . . 7 fr.
Sémenow. — Un Homme de cœur. 2 vol. in-32. . . . . . 2 fr. 50
Serret (E.). — Les heures perdues. Poésies. 1 vol. in-18. . . . 3 fr.
Siret (Adolphe). — Dictionnaire historique des peintres de toutes les écoles, depuis l'origine de la peinture jusqu'à nos jours. 2e édit. revue et augmentée. 1 vol. in-8 à 2 col. . . . . 30 fr.
— Gloires et miseres. 2 vol. . . . . 2 fr.
Soulié (Frédéric). — Œuvres. 54 vol. in-18 à 50 c. le vol.

Au jour le jour. 2 vol.
Bananier (le). 3 vol.
Chambrière (la). 1 vol.
Château des Pyrénées (le). 3 vol.
Comte de Foix (le). 1 vol.
Comtesse de Monrion (la). 3 vol.
Deux séjours. 2 vol.
Drames inconnus (les). 6 vol.
Duc de Guise (le). 2 vol.
Été à Meudon (un). 2 vol.
Eulalie Pontois. 1 vol.
Forgerons (les). 1 vol.
Homme de lettres (l'). 3 vol.
Huit jours au château. 3 vol.
Il etait temps. 1 vol.
Maître d'ecole (le). 1 vol.
Marguerite 2 vol.
Olivier Duhamel. 2 vol.
Prétendus (les). 1 vol.
Quatre sœurs (les). 2 vol.
Romans historiques du Languedoc. 2 v.
Sathaniel. 2 vol.
Serpent (le). 2 vol.
Veau d'or. 6 vol.

Staël (Mme de). — De l'Allemagne. 3 vol. in-18. . . . . . . 3 fr.
— Le même ouvrage. 4 vol. in-32. . . . . 1 fr.
— Considérations sur les principaux événements de la Révolution française. 3 vol. in-8. . . . . 6 fr.
— Le même ouvrage. 3 vol. in-18. . . . . 3 fr.
— Dix années d'exil. 1 vol. in-8. . . . . 2 fr.
— Le même ouvrage in-18. . . . . 1 fr.
— Essais dramatiques. 1 vol. in-8. . . . . 2 fr.
— Le même ouvrage in-18. . . . . 1 fr.
— Littérature. 1 vol. in-8. . . . . 2 fr.

Librairie Internationale, **15**, Boulevard Montmartre, à Paris.

LITTÉRATURE ET BEAUX-ARTS

Staël (Mme de) Mélanges. 1 vol. in-8 . . . . 2 fr
— Morceaux divers. 1 vol. in-8. . . . . 2 fr
— Le même ouvrage in-18. . . . . 1 fr
— Notice sur le caractère et les écrits de Mme de Staël. — Lettres su
    J.-J. Rousseau. 1 vol. in-8. . . . . 2 fr.
Sue (Eugène). — Œuvres. 37 vol. in-18. Chaque vol. 1 fr.

Plik et Plok. Atar-Gull. 1 vol. in-18.
La Salamandre. 1 vol. in-18.
La Coucaratcha. 1 vol. in-18.
L'Envie. 1 vol. in-18.
La Colère, la Luxure. 1 vol. in-18.
La Paresse, la Gourmandise, l'Avarice. 1 vol. in-18.
L'Orgueil. 2 vol. in-18.
Les Mystères de Paris. 4 vol. in-18.
Paula Monti. 1 vol. in-18.
Latréaumont. 1 vol. in-18.
Le Commandeur de Malte. 1 v. in-18.
Thérèse Dunoyer. 1 vol. in-18.
Le Juif Errant. 4 vol. in-18.
Miss Mary. 1 vol. in-18.
Mathilde. 4 vol. in-18.
Deux Histoires. 1 vol. in-18.
Arthur. 2 vol. in-18.
La Famille Jouffroy. 3 vol. in-18.
Le Morne-au-Diable. 1 vol. in-18.
La Vigie de Koat-Ven. 2 vol. in-18.
Les Enfants de l'Amour. 1 v. in-18.
Les Mémoires d'un mari. 2 vol. in-18.

Sue (Eugène). — Mademoiselle de Plouernel. 1 vol. in-18 . . . 2 fr.
— Jeanne Darc, la Pucelle d'Orléans. 1 vol. in-18. . . . . 2 fr.
— La Clochette d'Airain. — Le Collier de fer. 1 volume
    in-18. . . . . 2 fr.
— L'Alouette du Casque, ou Victoria, la Mère des Camps.
    1 volume in-18. 2 fr.
— La Faucille d'or. — La Croix d'argent. 1 vol. in-18. . . 2 fr.
— Deleytar 2 vol. in-18 . . . . 1 fr.
— Fanatiques (les) des Cévennes. 3 vol. in-18. . . . . . 1 fr. 50
— Marquise (la) Cornélia d'Alfi. 1 vol. in-18 . . . . . . 50 c.
— Martin l'enfant trouvé. 8 vol. in-18. . . . . 4 fr.
— Les Mystères de Paris. 4 vol. gr. in-18, format anglais, illustrés
    de 48 vignettes gravées sur bois. . . . . 10 fr.
— Thérèse Dunoyer. 2 vol. in-18. . . . . 1 fr.
Tennant (Emerson). — Notes d'un voyageur anglais sur la Belgique
    2 vol. in-18. . . . . 1 fr.
Thyes (Félix). — Marc Bruno. Avec une notice sur l'auteur, par Eugène
    Van Bemmel. 1 vol. in-18. . . . . 50 c.
Trollope (Antony). — La petite maison d'Allington. Traduit de l'anglais par E. Marcel. 2 vol. in-18. . . . . 7 fr.
Van Bemmel (Eug.). — De la Langue et de la poésie Provençales. 1 vol.
    in-12. . . . . 2 fr.
— L'Harmonie des passions humaines, fronton du théâtre de la Monnaie, à Bruxelles, par E. Simonis. Notice avec grav. . 75 c.
Vie de Rossini. 1 vol. in-18. . . . . 1 fr.
Vincent (Ch.) et Didier (E.). — Enclume ou Marteau. Roman contemporain. 1 vol. in-18, avec 16 illustrations de Valentin, tirées
    hors texte. . . . . 3 fr. 50

LITTÉRATURE ET BEAUX-ARTS

Vinet (A.). — Chrestomathie française, ou choix de morceaux tirés des meilleurs écrivains français. 3 vol. petit in-8. . . . . . 13 fr.
   Chaque volume se vend séparément :
     I. Littérature de l'enfance. . . . . 4 fr.
     II. Littérature de l'adolescence. . . . . 4 fr.
     III. Littérature de la jeunesse et de l'âge mûr. . . 5 fr.
Wieland (C.-M.). — Musarion, ou la Philosophie des Grâces. Traduit de l'allemand par Poupart de Wilde. 1 vol. in-18. . . 1 fr. 25
Wiertz (A.). — Peinture mate. Procédé nouveau. 1 vol. in-8. 1 fr.
Zola (E.). — La Confession de Claude. 1 vol. in-18. . . . . . 3 fr.
Zschokke (Henri). — Lettres d'Islande. Traduit de l'allemand, par Émile Tandel. 1 vol. in-18. . . . . 1 fr.

OUVRAGES D'ART

Etudes photographiques. Par Ildefonse Rousset — Renseignements pour les artistes. Modèles pour les amateurs de dessins. (Paysages. — Sujets, — Plantes, — Fleurs, — Études de neige, — Effets de soleil. — Nuages, etc.). Avec Introduction et notes par Louis Jourdan. 1 magnifique vol. in-4, contenant 40 photographies. Prix du volume, relié et doré. . . . . 75 fr.
Le Bois de Vincennes. — Décrit et photographié par Émile de la Bédollière et Ildefonse Rousset. 1 vol. in-4, orné de 25 magnifiques photographies et d'un plan du bois de Vincennes. Broché : 33 fr.
Relié et richement doré. . . . . 40 fr.
Le Tour de Marne. — Décrit et photographié par Émile de la Bédollière et Ildefonse Rousset. 1 vol. in-4, orné de 30 magnifiques photographies et d'un plan topographique du Tour de Marne. Relié et doré. . . . . 50 fr.
— Le même ouvrage, format in-18, orné de 10 photographies et d'un plan du Tour de Marne. Broché, 8 fr.; relié. . . . . 10 fr.
Les photographies contenues dans ces volumes, ainsi qu'une série d'épreuves photographiques se vendent séparément :
   Celles in-4. . . 1 fr. 50. — Celles in-18 . . . . . . 75 c.
Chez Victor Hugo, par un passant. 1 vol. in-8 orné de 12 eaux-fortes, gravées par Maxime Lalanne. . . . . 6 fr.
Photographies des Misérables de Victor Hugo, d'après les dessins de G. Brion. Collection complète, 25 sujets in-8 à 1 fr. 25
La même collection in-18, le sujet. . . . . 1 fr.
Chaque scène ou type se vend séparément.

BIBLIOTHÈQUE DE LA CRITIQUE MODERNE

Format in-18, à 3 fr. 50 c. le volume

Assollant (A.). — Vérité! Vérité! 1 vol.
— Pensées et Réflexions de Cadet Borniche. 1 vol.
— Un Quaker à Paris. 1 vol.
Castagnary. — Les Libres Propos. 1 vol.
Dollfus (Ch.). — Études sur l'Allemagne. De l'Esprit français et de l'Esprit allemand. 1 vol.
Sauvestre (Ch.). — Mes lundis. 1 vol.
Ulbach (L.). — Écrivains et Hommes de lettres. 1 vol.
— Causeries du Dimanche. 1 vol.

THÉATRE

Chateaubriand. — Moïse. 1 vol. in-18 . . . . 50 c.
Fourdrain aîné. — L'Homme aux yeux de bœuf; drame. 1 vol. in-18 . . . . 1 fr.
— Le Médecin; drame. 1 vol. in-18 . . . . 1 fr.
Guilliaume (J.). — Struensée. Drame en 6 actes et en vers. 1 vol. in-18.
. . . . 1 25
Joly (V.). — Jacques d'Arteveld. Drame, précédé de chroniques intéressantes sur l'histoire des Flandres au xive siècle. 1 vol. in-18.
. . . . 50 c.
Labarre (L.). — Montigny à la cour d'Espagne. Drame en 5 actes. 1 vol. in-18 . . . . 2 fr.
Mary (Adolphe). — Amour et Devoir. Pensées dramatiques. 1 beau vol. in-8 . . . . 4 fr.
Potvin (Ch.). — Jacques d'Arteveld. Drame historique en 3 actes et en vers. 1 vol. in-18 . . . . 2 fr.
Racine. — Théâtre. 2 vol. in-32. Édition diamant, orné de 13 vignettes
. . . . 6 fr.
Sand (George). — Théâtre complet. 3 vol. in-18 . . . . . . 9 fr.
Serret (E.). — Drames et Comédies. 1 vol. in-18 . . . . . 3 fr.
Staël (Mme de) Essais dramatiques. 1 vol. in-8 . . . . . . 2 fr.
Thierry de Faletans (X.). — Théâtre de société. Cinq pièces diverses. 1 beau vol. gr. in-8 . . . . 4 fr.
Wacken (Ed.). — Le Siége de Calais, tragédie lyrique en 3 actes. 1 vol. in-18 . . . . 1 fr.

Librairie Internationale, 15, Boulevard Montmartre, à Paris.

NOUVELLE BIBLIOTHÈQUE DRAMATIQUE

Belot (A.) et **Crisafulli**. — Le Passé de Monsieur Jouanne. Comédie en quatre actes. 1 vol. in-18. . . . . 2 fr.
Busnach (W.). — Robinson Crusoé. Bouffonnerie musicale en un acte. 1 vol. in-18. . . . . 1 fr.
— Les Canards l'ont bien passée ! Revue en 3 actes et 7 tableaux. In-4°. . . . . 50 c.
Busnach (W.) et **Flan** (A.). — Bu... qui s'avance. Revue en trois actes et sept tableaux. In-4. . . . . 50 c.
Cham et **Busnach** (W.). — Le Myosotis. Aliénation mentale et musicale. 1 vol. in-18 . . . . 1 fr.
Clairville, Monnier (A.) et **Blum** (E). — La Lanterne magique. Revue de l'année en quatre actes et vingt tableaux. In-4. . . 50 c.
— Cendrillon, féerie en 5 actes et 30 tableaux. In-4. . . . 50 c.
Clairville, Blum (E.) et **Flan** (A.). — Le Diable boiteux. Revue de l'année en 4 actes et 30 tableaux. In-4. . . . . 50 c.
Fabre (A.) et **Villiers** (A.). — La Porte Saint-Denis. Drame en cinq actes. In-4 à deux colonnes . . . . 60 c.
Furpille (E.) et **Gille** (J.). — Tabarin duelliste. Opérette en 1 acte. 1 vol. in-18. . . . . 1 fr.
Furpille (E.) et **Prevel** (J.). — Le Bifteck d'or. Vaudeville en un acte. 1 vol. in-18. . . . . 1 fr.
— A qui le Casque ? Vaudeville en un acte. 1 vol. in-18. . . 1 fr.
Goncourt (Edmond et Jules de). — Henriette Maréchal. Drame en trois actes. 1 vol. in-8. . . . . 4 fr.
Le même ouvrage. 1 vol. in-18. 3e édit. . . . . 2 fr.
Hugo (Charles). — Les Misérables. Drame en 2 parties et 12 tableaux, avec prologue et épilogue. Édition de luxe. 1 vol. in-8. . 4 fr.
Le même ouvrage. 1 vol. in-18. . . . . 2 fr.
Maquet (Auguste). — Le Hussard de Bercheny. Drame en cinq actes. 1 vol. in-18. — Prix : 2 fr. — Edition in-4° . . . . 50 c.
Massa (Ph. de) et **Petipa**. — Le Roi d'Yvetot. Ballet-pantomime en un acte. 1 vol. in-18. . . . . 1 fr.
Meurice (Paul). — Les Deux Diane. Drame en 5 actes. 1 vol. in-18. 2 fr.
La même pièce. In-4. . . . . 50 c.
Saint-Georges (de) et **Chivot**. — Zilda. Opéra-comique en deux actes. In-18. . . . . 1 fr.
Scribe (Eugene). — L'Africaine. Opéra en cinq actes. 1 vol. in-18. 2 fr.
T. G. C. — Don Juan. Opéra en 2 actes et 13 tableaux. 1 vol. in-18. 1 fr.
Trimm (Timothée) et **Emmanuel**. — La Chasse au Camaïeu. Vaudeville-poursuite en trois stations. 1 vol. in-18. . . . . 1 fr. 50
Ulbach (L.) et **Crisafulli**. — Monsieur et madame Fernel. Comédie en quatre actes. 1 vol. in-18. . . . . 2 fr.
Villars (Emile). — Les Précieuses du jour. Comédie en un acte. 1 vol. in-18, 2e édition. . . . . 1 fr.

Librairie Internationale, 15, Boulevard Montmartre, à Paris.

COLLECTION
DES
GRANDES ÉPOPÉES NATIONALES

Le Râmayanâ. Poëme sanscrit de Valmiki. Traduit en français par Hippolyte Fauche, traducteur des œuvres complètes de Kâlidâsa et Mahâ-Bhârata. 2 vol. in-18. . . . . 7 fr.

Çakountalâ. — Raghou-Vança. — Mégha-Douta. — Œuvres choisies de Kalidasa. Traduites par Hippolyte Fauche. 1 vol. in-18. . . . . 3 fr. 50

Les Nibelungen. — Traduction nouvelle, par Émile de Laveleye. 2e édit. 1 vol. in-18. . . . . 3 fr. 50

Les Eddas. — La Saga des Nibelungen dans les Eddas et dans le Nord Scandinave. Traduction précédée d'une Etude sur la formation des Épopées nationales, par E. de Laveleye. 1 vol. in-18. . . . . 3 fr. 50

Les Poëmes nationaux de la Suède moderne. — Traduits, annotés et précédés d'une introduction et d'une étude biographique et critique, par L. Léouzon-Leduc. 1 vol. in-18. . 3 fr. 50
— La Saga de Frithiof — La Saga d'Axel. — La première Communion.

Le Roman du Renard. — Mis en vers d'après les textes originaux, précédé d'une introduction et d'une bibliographie, par Ch. Potvin. 1 vol. in-18. . . . . 3 fr. 50

La Chanson de Roland. — Poëme de Théroulde, suivi de la Chronique de Turpin. Traduction de Alex. de Saint-Albin. 1 vol. in-18. . . . . 3 fr. 50

La Légende du Cid, comprenant le Poëme du Cid, les Chroniques et les Romances. Traduction d'Emmanuel de Saint-Albin, avec une préface, par M. Alex. de Saint-Albin 2 vol. in-18. 7 fr.

Chants populaires de l'Italie. — Texte italien; traduction par J. Caselli. 1 vol. in-18. . . . . 3 f. 50

Le Paradis perdu de Milton. — Traduction de Chateaubriand. 2 vol. in-18. . . . . 2 fr.

ants heroïques et Chansons populaires des Slaves de Bohême. Traduit sur les textes originaux avec une introduction et des notes, par Louis Léger. 1 vol. in-18. . . . . . 3 fr. 50

Librairie Internationale, 15, Boulevard Montmartre, à Paris

LITTÉRATURE

COLLECTION IN-18 A 3 FR. 50 LE VOLUME

Berend. — La Quarantaine	1 vol.
Biagio Miraglia. — Cinq Nouvelles calabraises	1 vol.
Castelnau. — Zanzara, ou la Renaissance en Italie	2 vol.
Emerson. — Les Représentants de l'humanité	1 vol.
— Les Lois de la vie	1 vol.
— Essai sur la Nature	1 vol.
Eyma — Légendes du nouveau monde	2 vol.
Fould. — L'Enfer des Femmes	1 vol.
Garcin. — Charlotte	1 vol.
Hugo (V.) — Les Misérables	1 vol.
Leclercq. — Histoire de deux Armurières	1 vol.
— Gabrielle Hauzy	1 vol.
Ligne (Prince de). — Mémoires	1 vol.
Lucas — Histoire du Théâtre français	3 vol.
Michelet. — La Sorcière	1 vol.
Reade. — L'Argent fatal	2 vol.
Schlegel. — Cours de Littérature dramatique	2 vol.
Trolloppe. — La Petite Maison d'Allington	2 vol.
Vincent et **Didier** — Enclume ou Marteau	1 vol.

COLLECTION IN-18 A 3 FR. LE VOLUME

Alarcon. — Le Finale de Norma	1 vol.
Alby. — L'Olympe à Paris, ou les Dieux en habit noir	1 vol.
Auerbach. — Au village et à la Cour	2 vol.
Barrué — Zephyrin Bunon, histoire d'un parvenu	1 vol.
Berthet — La Peine de Mort, ou la honte du Mal	1 vol.
Blum. — Entre Bicêtre et Charenton	1 vol.
Bonnemère — Le Roman de l'Avenir	1 vol.
Breteh. — Gabrielle Les Pervenches	1 vol.
Claude — Le Roman de l'Amour	1 vol.
Daudet — Les Douze Danseuses du château de Jimole	1 vol.
Dérisoud. — Les Petits Crimes	1 vol.
Desbarolles. — Le Caractère allemand	1 vol.
Dollfus — Mardoche La Revanche du Hasard. La Villa	1 vol.
Ducondut — Juvenilia, Virilia. Poésies	1 vol.
Garcin — Léonie, essai d'éducation par le roman	1 vol.
Gastineau. — La Dévote	1 vol.
Joliet. — L'Envers d'une Campagne. Italie 1859	1 vol.
Pessard. — Yo, ou les Principes de 89	1 vol.
Pétrarque. — Rimes traduites en vers, par J. Poulenc	4 vol.
Richard. — Un Péché de vieillesse	1 vol.
— La Galère conjugale	1 vol.
Sand (M.). — Le Coq aux Cheveux d'or	1 vol.
Scholl. — Nouveaux Mystères de Paris	3 vol.
Serret. — Les Heures perdues Poésies	1 vol.
Ulbach. — La Chauve-Souris (Suite du *Parrain de Cendrillon*)	1 vol.
Zola — La Confession de Claude	1 vol.

PARIS — IMPRIMERIE L. TOUPART TASSI, 30, RUE DU BAC

www.ingramcontent.com/pod-product-compliance
Lightning Source LLC
Chambersburg PA
CBHW060653170426
43199CB00012B/1769